《多馬福音》與《多馬行傳》

《多馬福音》與《多馬行傳》

這本中文紙本書乃專門為付費讀者製作。
請尊重作者權益，切勿任意修改、刪節、複製、轉寄或轉售其內容，
以免觸犯著作權法。

《多馬福音》與《多馬行傳》
翻譯：林楚菊，鄺明偉
評述：林楚菊
版次：2020
網誌：http://lamchorkok.blogspot.hk

中文紙本書於 2020 年由電書朝代製作發行
並由 Ingram Content Group 旗下之 IngramSpark 隨需印刷，推廣銷售
電書朝代 (eBook Dynasty) 為澳洲 Solid Software Pty Ltd 所經營擁有
Web: http://www.ebookdynasty.net/
Email: contact@ebookdynasty.net

《多馬福音》與《多馬行傳》

目錄

中譯序 — 5
 耶穌的門徒多馬 — 5
 《多馬福音》 — 6
 《多馬行傳》 — 8
 註釋 — 10

多馬福音 — 13

多馬行傳 — 65
 第一章：多馬與商人艾伯利到印度去 — 67
 第二章：使徒與根達法魯斯王 — 73
 第三章：神的僕人 — 81
 第四章：會說話的驢子 — 85
 第五章：被邪靈附身的女子 — 87
 第六章：殺了女子的年輕人 — 90
 第七章：國王的長官 — 95
 第八章：野驢 — 98
 第九章：查利修斯的妻子 — 104
 第十章：麥冬利亞接受洗禮 — 121
 第十一章：墨斯大流士王的妻子 — 127
 第十二章：墨斯大流士王的兒子歐贊尼斯 — 129
 第十三章：歐贊尼斯和眾人接受洗禮 — 134
 第十四章：殉道 — 138
 附錄一：人體七個輪穴和三角骨的位置 — 144

《多馬福音》與《多馬行傳》

中譯序

耶穌的門徒多馬

聖徒多馬是《新約聖經》中記載耶穌十二門徒之一，在《新約聖經》中前三卷福音書（《馬太》10:2-4；《馬可》3:16；《路加》6:14-16），多馬的名字都在十二門徒的名單中出現，但只有《約翰福音》才多次提到有關多馬的事蹟，並且稱他為低土馬的多馬。多馬的全名是低土馬・猶大・多馬 (Didymus Judas Thomas)，意思是猶大的雙生子。多馬 (Thomas) 的名稱出自於亞蘭語 (Aramaic)，是耶穌時代巴勒斯坦流通的語言，意思是「雙生子」；而低土馬 (Didymus) 則是希臘文「雙生子」的發音。在《約翰福音》，曾三次用希臘文的名稱低土馬稱呼他，同樣是雙生子的意思（《約翰福音》11:16；20:24-28；21:2）。而多馬在亞拉伯語的稱呼是 Ba'dad 或 Ba'bad，也是雙生子的意思。

沒有人確實知道「雙生子」是指什麼意思，但敘利亞的傳統認為，多馬與耶穌在靈性上是雙生的。這可能是由於多馬的外貌很像耶穌，而且在靈性上，他對耶穌的了解十分深。在《多馬福音》中，耶穌問眾門徒祂像什麼，彼得說像公義的天使，馬太說像個哲學家，只有多馬說他不能用口說出來，耶穌便說他已進入了祂的境界：「你已從我所看管的涓涓泉水裡陶醉起來。」然後耶穌帶他退下，私底下教導他。當其他人問耶穌說了什麼話，多馬說：「若我把祂對我說的其中一樣告訴你們，你們會用石頭擲我，火焰會從石頭出來，把你們消滅。」（《多馬福音》13）可見多馬深得耶穌的教導。在《約翰福音》記載中，當耶穌打算與眾門徒一起進入耶路撒冷城，只有多馬向同伴說：「我們也去和祂同死吧！」（《約翰福音》11:16）當時就只有多馬意識到，耶穌進入耶路撒冷城是要去「送死」。當多馬聽到耶穌復活的消息，由於他外貌像

耶穌，很容易想像到是否有另一個人外貌十分像耶穌，正如他一樣，故此他非要親手觸摸耶穌的雙手和肋骨，決不相信耶穌真的復活了（《約翰福音》20:24-25）。

有關聖徒多馬的記載，除了在四福音零星散見外，還有一些有關多馬的啟示性文學作品，本書所介紹的包括其中比較重要的兩部：《多馬福音》(Gospel of Thomas) 和《多馬行傳》(Acts of Thomas)。

《多馬福音》

《多馬福音》記載的是耶穌基督的說話，在基督教會早期，即大約在公元 50 年，已有流傳。但一直以來，此經所僅存的，只是在二十世紀初所發現的希臘文譯本，而且只是極少部份的斷卷殘篇。到了 1945 年，有幾個埃及的農夫，在埃及納格‧漢馬地 (Nag Hammadi)，掘出一個密封的陶瓶。他們說，打開陶瓶時，看見一縷金光從瓶中走出。瓶中所藏的正是《多馬福音》，而且是完整的版本，經文用早期基督教時代在埃及的常用語，即柯普特語 (Coptic) 寫成。這個完整版本的發現使學者可以肯定，在基督教會早期，確實有《多馬福音》的流傳。

《多馬福音》的作者是誰呢？在《多馬福音》的開首這樣說：「以下是活生生的耶穌所說的隱秘教導，是雙生兄弟猶大‧多馬所記錄。」看來應是耶穌的十二門徒中的多馬，而「雙生兄弟猶大‧多馬」只在敘利亞教會內的文獻中有這個稱呼。這大概是在門徒時代，不同的門徒在各別地方有特殊的重要地位，例如彼得在羅馬，約翰在小亞細亞，雅各（耶穌的兄弟）在耶路撒冷，而多馬正是敘利亞的守護門徒。

《多馬福音》為什麼不被列入《新約聖經》呢？現在《新約聖經》中有關耶穌的記載僅有四福音，即《馬太福音》、《馬可福音》、《路加福音》和《約翰福音》。這是由於在耶穌死後數百年，當時基督教團體各自依重某部福音，而這四部福音書最廣受傳誦，因此到了公元第四

世紀，以官方為首的教會便把這四部福音定為官方版本，賦與權威，而把其他的列為非正典。但其實在早期教會，有關耶穌的記載並非只有這四部福音書，亦從來沒有正典與非正典之分。若硬將這些記載列為正典與非正典，只會把耶穌的教導弄得支離破碎，不能全面了解當時耶穌的言行與教導。

此外，現存的四福音並不是作者原本的記載，而是經過無數次的刪改而成。除了《多馬福音》外，還有不少有關耶穌的記載沒有列入《新約聖經》。於是整部《新約聖經》有關耶穌的言行，只是零零碎碎地編排下來，其篇幅竟不及使徒書信之多，而且，使徒書信中以保羅書信的篇幅佔了絕大部份。他是在十二門徒以外從來沒有跟耶穌有任何接觸的人，只以一次奇異的經歷歸信他原本想迫害的耶穌（見《新約聖經》的《使徒行傳》），但此人的神學辯論與滔滔不絕的說話竟成為《新約聖經》的主角，令人感到嘩然、惋惜和慨嘆！耶穌的言行和教導在《新約聖經》中竟不及一個與祂素未謀面的使徒。保羅竟然成為基督教信仰的建構者和代言人，而不是耶穌本人或比保羅更有份量的門徒。不少基督教以外的學者認為現今的基督教信仰是由使徒保羅所創建，而不是耶穌本人。在《新約聖經》使徒保羅滔滔不絕的書信中，讀者可以看到保羅內心充滿掙扎和痛苦，完全不像一個得道的聖人。故此，我們正需要一些有關耶穌言行的原始記載，才可以讓我們了解耶穌降世的意義。

這一部《多馬福音》中譯本是參照以下書籍翻譯而成，部份資料也是根據以下書籍列引：

Miller, Robert J. (Ed.), *The Complete Gospel*, Harper Collins, 1994.

Meyer, Marvin, *The Gospel of Thomas: The Hidden Sayings of Jesus*, Harper Collins, 1992.

婁世鐘，《耶穌靈道論語——多瑪斯福音》，譯自科普特文及希臘文，文史哲出版社，2005年。

《多馬福音》與《多馬行傳》

《多馬行傳》

此書於公元二世紀初,由多部啟示性經文作者路斯耶 (Leucius),根據多馬的親筆書信,以及從南印度的大使,經埃德薩 (Edessa) 和耶路撒冷,到達羅馬所報述的資料寫成。整部經文要到公元 368 年,由在薩拉米納 (Salamina) 的主教伊皮凡尼烏斯 (Epiphanius) 收集整理,才告完成。

這部經典當時受到各地教會承認及傳誦,直到公元 495 年,羅馬教宗 (Pope Gelesius) 宣佈為異端,其中原因是這些經文中有記載耶穌復活後的行蹤。雖然如此,在敘利亞的教會至今仍承認其真實性,並加以傳誦。

在《多馬行傳》中,耶穌說:「我是多馬的兄弟。」(《多馬行傳》11)在敘利亞版本的《多馬行傳》中,多馬更被稱為:「彌賽亞(即救世主耶穌)的雙生子、門徒中的至高者,分享生命的隱秘之道,接受神兒子的奧秘。」(《多馬行傳》39)

根據《新約聖經》的《使徒行傳》,自五旬節聖靈降臨門徒後,對他們的記載便不詳了,而只是集中記載保羅傳教的行蹤,其實各門徒是分別到各地傳教。根據《多馬行傳》的記載,多馬被派到印度傳教,他起初不願意到印度,於是耶穌在晚上向他顯現,叫他不用害怕。耶穌用十分巧妙的方法將他送到印度去,這事大約是在公元 48 至 49 年,耶穌以二十塊銀幣將他賣給一個商人,帳單上寫著:「我,耶穌,來自猶太伯利恆,是住在猶太的木匠若瑟的兒子,現把僕人多馬賣給根達法魯斯王 (Gudnaphar) 的商人艾伯利 (Abbanes)。」(《多馬行傳》2)

根據歷史研究,根達法魯斯王是公元 21 至 60 年在印度西北、巴基斯坦至南阿富汗等地統治的國王。但這件事有更深的意義,那買家叫艾伯利 (Abbanes),在亞蘭語 abba 是父親的意思,耶穌對天父便是這樣稱呼,因此多馬便是天父的僕人。是以在《多馬行傳》(163) 中,印度墨斯大流士 (Misdaeus) 王問多馬是僕人還是自由人,後者回答說:「我是僕人,但你不能向我施予任何權力,我的主人是你的主人,是整個世界、是天地

的主。」

　　多馬與艾伯利到達在黑海南岸的安德城 (Andrapolis)，在這裡參加了一個國王女兒的婚宴，在婚宴上有音樂演奏，後來多馬唱起歌來，他唱的是「光明的女兒」，歌詞唱道：「皇者居住在她的頭上，她十根指頭開放天國的門，她的居室發光，充滿救贖的香氣……」當他歌唱時，周圍的人都定睛看他，看到他形相轉變，多馬像耶穌的形相顯現。此事在大英博物館收藏有關多馬生平的銅盤中可見，在七幅畫面中，其中一幅便是多馬參加國王女兒婚宴時的情景。

　　根據最早期基督教歷史學家的記載，多馬曾到波斯和印度多個地方傳揚福音，他最後在印度一個城市馬拉巴 (Malabar Coast) 被長槍刺死，他的遺體埋葬在馬德拉斯 (Madras) 附近麥拉坡 (Mylapore) 的地方。多馬曾到過印度傳教是有多項歷史證據的，他一直被公認是米索匹達米亞和印度的使徒。在公元九世紀，英國皇室 (King Alfred of Wessex) 特為聖多馬送捐獻給羅馬和印度。聖多馬的墓穴至今還在麥拉坡 (Mylapore) 的地方。在敘利亞和在印度的馬拉巴教會傳統以來相信多馬在 7 月 3 日逝世，故每年 7 月 3 日舉行紀念儀式。

　　根據《多馬行傳》(170) 的記載，多馬死後被一個兄弟帶到米索匹達米亞。這個兄弟應該就是指耶穌。相傳耶穌死後復活，曾與多馬一起到達巴基斯坦西北面塔克西拉 (Taxila)，之後更與祂的母親瑪利亞一起到達穆里 (Murree)，距塔克西拉 45 哩的地方。在穆里，當地人相信耶穌的母親瑪利亞便是埋葬在這地方，瑪利亞的墓穴便在當地山上的電視塔下，故此穆里這地方是以瑪利亞的名字命名，Murree 即是 Mari。到現在，在穆里仍有一個細小的山路通往克什米爾 (Kashmir)，傳統以來這地方被稱為 Yusmarg，意思是「耶穌的草場」，因為當地人相信耶穌曾短暫停留在此，然後到達克什米爾。

　　本書《多馬行傳》根據下書譯出：

　　The Apocryphal New Testament, translated and notes by M.R. Tames, Oxford:

《多馬福音》與《多馬行傳》

Clarendon Press, 1924.

註釋

　　此兩部《多馬福音》和《多馬行傳》早在十多年前已翻譯出來，當時譯者的看法只是想原原本本地將經文譯出，並沒有加上任何註釋或意見。即使有些地方看似難以理解，也只有忠實地翻譯出來，並不作任何推論或解釋。但今日重新整理此兩部經典，並重新思考此問題時，深感到一般人對不理解的事物往往會加以否定或給予負面的評價，即使面對真理也是如此。《多馬福音》作為耶穌時代最原始的資料早已被學術界所肯定，其所傳遞的訊息雖然和現行四部福音書沒有任何抵觸，有些地方卻不容易理解。《多馬行傳》雖不能百分百奉為歷史真確的記載，且很可能是根據部份歷史資料而加以創作的小說，但無論其內容是歷史事實還是小說創作，當中必存在信仰的真理，且能讓讀者看到耶穌時代及其後世人們對基督信仰的熱切追求和精神面貌。有趣的是，在《多馬行傳》中，信徒對永恆生命的熱切想望，與對今生的棄絕，對今日的基督徒來說，不但是陌生，簡直是匪夷所思，無法理解，但那些信徒卻與印度教、佛教，以及伊斯蘭教蘇非主義的出世信仰更加接近，也只有出世的印度教徒、佛教徒和蘇非派修行者能夠明白。

　　古希臘哲人蘇格拉底（公元前470至399年）被雅典城邦控告他對希臘神明不敬及毒害青少年，一致裁決以毒酒處死他，當時蘇格拉底的弟子苦勸他逃離雅典城，躲過一死，但蘇格拉底不願意，他在牢房裡平靜地等待死刑的執行，在飲毒酒時向身邊弟子發表了一番有關死亡與靈魂不朽的論述，最後在毒藥發作下停止呼吸。聖徒多馬被印度墨斯大流士王下令囚禁牢房，聽候處決，圍繞多馬的信徒沒有一個考慮到多馬性命的安危，他們只關心自己能在多馬身上獲得永恆生命的印記。雖然多馬屢次奇蹟般出入牢房自如，但他最終選擇返回牢房，接受被長矛刺死的

刑罰。他臨終前說，若他願意活下去，主耶穌一定會成全他，但他是求死，不是求生，他希望快點結束這短暫可朽壞的生命，期待快點進入永恆不朽的生命。我們可以看到古希臘哲人蘇格拉底和聖徒多馬的共通之處，再看看耶穌在世上短暫的生命，他們都不懼怕死亡，因他們知道有永恆的生命正等待著他們。

　　《多馬行傳》在公元 500 年被奉為異端，而《多馬福音》沒有被列為官方信仰的正典，後來更散失了，只剩下希臘文的殘缺版本。我們要知道，那時代人們的思想十分封閉、狹隘，教廷控制了一切，只要在基督教信仰上有不同或較開闊的見解，便會被迫害及處死。教父們不明白及不同意的地方，也不會讓其他人知道，更不會讓人有選擇接受或不接受的機會。相對於今日現代社會，人類思想變得更開闊、自主，我們正好應該以現代人的思想和觀點，重新認識此兩部經典。基於以上種種的考慮，為了讓今日的讀者能更加認識、了解此兩部經典，筆者會在一些難以接受或理解的地方加上註釋，或在括號內作簡單的解說，印證耶穌的原初說話與東西方遠古宗教文明的高度吻合，但這只是一方的理解和意見，僅供讀者參考而已，並不表示絕對正確，我們深知，任何霸道的思想在現代社會都不能站立得住。

　　謹將此書獻給追求真、善、美者。

《多馬福音》與《多馬行傳》

耶穌的草場 (Yusmarg)

《多馬福音》與《多馬行傳》

《多馬福音》

耶穌基督的隱秘教訓

《多馬福音》與《多馬行傳》

《多馬福音》與《多馬行傳》

前言

　　以下是活生生的耶穌所說的隱秘教訓,是由雙生兄弟猶太‧多馬所記錄。

一、耶穌說:「誰發現這些教訓的意義,便不會嚐到死亡。」

註:耶穌所指的「死亡」,是指精神上的死亡。一個人精神上死亡,就會變成一個動物,或行屍走肉。

二、耶穌說:「一個人要不斷尋求,直至尋見。若他尋見,他將遭禍患。若他遭禍患,他將驚奇事物的奇妙,並將統治萬事萬物。」

註:耶穌在這裡指出,尋道的歷程並不會一帆風順,但當他們達到心靈海闊天空的境界時,「他將驚奇事物的奇妙,並將統治萬事萬物」,這是指心靈已能超然於物外,不再被世間的人、事、物所控制。

三、耶穌說:「若引導你們的人對你說:『看,天國就在天上。』這樣天空中的飛鳥便比你們優勝。若他們對你說:『就在海裡。』這樣,魚兒便比你們優勝。實際上,天國在你們之外,也在你們之內。若你認識自己,你也會被認識,你將明白你是活生生的父的孩子。但若你不認識自己,你便活在貧乏中,你就是貧乏。」

註:宗教或靈性的真諦在乎「認識自己」,古希臘哲學家蘇格拉底(Socrates,公元前470年至399年)到今日仍然受人推崇,其教導的重心就是「認識自己」──真實的精神自我。蘇格拉底與同時代人不同之處在於他不再對外在世界的性質作無謂的思辨,而是反躬自問能否找到內

在的終極實在。當有人到阿波羅神殿求教神諭：「是否有比蘇格拉底更具智慧的人？」答案是沒有。蘇格拉底將此答覆歸因於自己承認無知。與蘇格拉底差不多同時代的佛陀（大約公元前500年）也是強調人們需要作內在的探索，佛陀不談論神，不談論宇宙的創造，他只希望為人類尋求脫離人生痛苦的解脫之道，這需要達到內在的覺醒狀態。面對佛教的衝擊，印度教改革者商揭羅（Sankara，公元788年至820年）一改印度教崇拜偶像神明的主流，強調我們每個人內在均存在著永恆的靈，梵文稱為Atma，這就是我們每個人內在的神性，只要我們能把祂發現出來，認識我們本來的真面目，便能獲得人生解脫之道。這與耶穌所說天國就在我們心中是同一真理，而且耶穌更進一步揭示天國在我們之內，也在我們之外。在《多馬福音》中，耶穌的說話經常強調「認識自己」，反而完全看不到悔改贖罪的教條，可見耶穌原初的話語更具智慧，在當時代非一般人所能明白。

四、耶穌說：「一個年紀老邁的人不會猶疑，向只有七日大的小孩詢問有關生命之地，這人便能活於生命，因為很多在先的將在最後，並將歸一。」

註：嬰孩最接近原初生命的源頭，且尚未被塵世污穢所染，也可說是最接近內在的神性。每個人無論是在前或在後，當他們找到內心的天國，他們都是達到與神同在的相同境界，他們都成為與神合一的一體，此也是印度教所指靈性達到最高、最終極的境界——梵我合一——個別的水滴與大海結合，再沒有水滴與海洋之分。

老子《道德經》中也有描述道德涵養深厚的人，可與初生的嬰兒相比，見《道德經》第55章：「含德之厚，比於赤子。毒蟲不螫，猛獸不據，攫鳥不搏。骨弱筋柔而握固。未知牝牡之合而朘作，精之至也。終日號而不嗄，和之至也。」

白話語譯:「道德涵養深厚的人,可與初生的嬰兒相比,毒蟲不螫他,兇猛的野獸不抓捕他,兇鷲的鳥不捕捉他。雖然他的筋骨柔弱,但是拳頭握得很緊。雖然他不知道男女交合之事,但是小生殖器官卻常常勃起,這是因為精氣充足的緣故。雖然他整天啼哭,但聲音並不嘶啞,這是因為和順至極的緣故。」

又《道德經》第10章:「載營魄抱一,能無離乎?專氣致柔,能如嬰兒乎?」

白話語譯:「精神和形體合一,能有不分離之時嗎?集聚元氣使之不散,達到柔順的境界,能像嬰兒的狀態一樣嗎?」(《老子評注》,楊義主編、党聖元評述、注釋,三聯書店,2007年。)

五、耶穌說:「認識在你面前的,那隱藏了的事物將在你面前顯露,因為沒有一件被隱藏的事物不會被顯露出來。」

註:耶穌所說「認識在你面前的」,所指的是耶穌本人,祂正是真理的示現。一個明白真理的人,便能了解萬事萬物,包括宇宙的奧妙。

六、祂的跟隨者向耶穌問道:「你要我們禁食嗎?我們應如何禱告?我們應否行慈善?我們的飲食要怎樣?」耶穌說:「不要說謊,不要做你所憎惡的事,因為一切在天國面前都會顯露出來。最終來說,沒有一件被隱藏的事情不會被顯露出來,沒有一件事情可以被隱藏而不顯露出來。」

註:耶穌指出人們應該有正確的行為,在伊斯蘭教的《古蘭經》中,真主多番強調祂清楚知道每個人一切的所想所行,沒有任何事情可以向祂隱瞞。在末世審判之日,每個人的思想行為都會得到清算,真主會按每個人的善行與惡行報應各人,沒有一件即使細微如螞蟻般的事情可以被

隱藏。耶穌在這裡的說話，與《古蘭經》的說話十分相近。

七、耶穌說：「有福的是那獅子，被人類吃掉，好使獅子成為人類。可詛咒的是那人類被獅子吃掉，那獅子將成為人類。」

註：若我們以人性與獸性互相角力來理解，我們可以看到，有些人活得像人，有人性可貴之處；有些人卻如動物般生活。不過，筆者認為獸性可恥，人性可悲，若能超越此兩者而達到更高的意識狀態，那就是生命的昇華。

八、耶穌說：「人類就像一個聰明的漁夫，把魚網撒在海裡，撈上來的時候滿是小魚，那聰明的漁夫會在小魚中發現一條完好的大魚，他毫不為難地取去那大魚，把所有的小魚都拋回海裡。凡有耳的都應當聽。」

註：耶穌教導人們要選擇「大魚」，即天國，也即是在精神上的永恆福樂，而不是「小魚」，即世間可朽壞的物質生活。

九、耶穌說：「看，那撒種的人出去，手裡拿著種子，撒在地上。有些落在路上，鳥兒飛來吃掉了。有些落在石頭上，種子的根不能深入泥土裡，結不出穀粒。有些落在荊棘裡，荊棘把種子扼殺，被蟲兒吞吃了。有些落在好土裡，並帶來豐盛的收穫：一畝地產六十倍，另一畝地產一百二十倍。」

註：耶穌在《新約聖經》中也有相似的說話，見《馬太福音》13:3-9、《馬可福音》4:2-9 和《路加福音》8:4-8。耶穌指出，真理在不同的人當中會有不同的結果。

《多馬福音》與《多馬行傳》

十、耶穌說:「我已把火扔在這世界上,看,我正在看守著,直至這火燃燒,發出火焰。」

註:在《新約聖經》四福音中,施洗約翰說他用水給人們施洗,但比他更強的那一位,所指的是耶穌,祂要用聖靈和火洗人們(《馬太福音》3:11 及《路加福音》3:16)。在《路加福音》12:49-50,耶穌說:「我來為把火投在地上,我是多麼切望它已經燃燒起來!」有趣的是,公元前 10 世紀在古波斯(即今日伊朗)誕生的瑣羅亞斯德教 (Zoroastrianism) 有崇拜聖火的教義,聖火代表光明,不斷燃燒,照耀世界,驅逐黑暗,故該教派又稱為拜火教,該教派的始創人瑣羅亞斯德是古伊朗第一位先知,他預言將來會有救世主降世,把光明帶給人間,戰勝黑暗與邪惡。而在《約翰福音》中,施洗約翰的使命是為光作見證:「他不是那光,乃是為光作見證。」「那光是真光,照亮一切生在世上的人。」耶穌更對眾人說:「我是世上的光。」(《約翰福音》1:7-9;8:12)

十一、耶穌說:「這蒼天將逝去,在其上的也將逝去。死去的不會活著,活著的不會死亡。在那些日子你們吃那死去的,你們一直依此而過活。若你們在光明之中活著,你們將怎樣?在過去那日子你們是一,你們卻變為二。每當你們變為二,你們到底想要做什麼?」

註:基督教和伊斯蘭教均認為世界會有末日,那時上主會對世人作出終極的審判。故耶穌說:「這蒼天將逝去,在其上的也將逝去。」伊斯蘭教對此有較詳細的描述:在審判日,死去的人會復活,與在生的人一同接受上主的審判,上主會以各人的行為報應各人,那些敬拜上主,並努力行善的人,會在樂園中永享福樂。那些否定真理及作惡的人,會受到地獄的刑罰。
　　至於耶穌所說的「一」,我們可猜想這是指與神合一的境界,即印

度教所指的「梵我合一」，也是中國道家和儒家所指的「天人合一」；「二」就是指分裂的狀態，宗教靈性成為人們外在的事物，而不是內在的追求，在這種狀態下，耶穌問人們究竟想要做什麼。

十二、那些跟隨者問耶穌：「我們知道你將離開我們，誰將成為我們的領袖？」耶穌對他們說：「無論你們在哪處，你們都去找正義的雅各，為他的緣故，天地才被造成。」

註：雅各是耶穌的親弟弟，是基督教會最早期耶路撒冷教會的領導者，雅各與耶穌在同一個家庭一起長大，對耶穌的了解和親密程度應該比任何人都深，雅各與約翰和彼得是早期教會的三大基柱，在《新約聖經》中，除了保羅寫的書信佔了大部份以外，其餘少量的書信就是彼得、雅各和約翰三人所寫的書信。在《多馬福音》中，耶穌對雅各的讚許和肯定，稱他為「正義者」，這在四福音中沒有記載，但在教會早期教父們的書信中，若提到雅各，均稱他為正義者。根據《希伯來人的福音》有關雅各的記載，可見雅各對耶穌的愛十分深：

「他從主喝這苦難之杯的時刻開始，不再吃這麥麵餅了，直到他看見祂從死者中起來。過了不久，主顯現給他，並與他共處，把麥麵餅交給這位正義的雅各，說：『我的兄弟，你吃餅吧！因為人子已經從那些長眠的人們當中起來了。』」

從以上記載得知，耶穌復活後也有向雅各顯現，但現存收入《新約聖經》的四部福音書並沒有這個記載，如果讀者仔細閱讀四福音書，也會發現從耶穌被釘十字架，到死後埋葬至復活以後的種種記述，四福音書有不一致及矛盾的地方，好像甲說了這個版本，乙又說出另一個版本來，還有丙和丁的版本，而且四福音書記載有關耶穌的言行非常有限，四部福音書的可信程度也不強於其他未被收錄於《新約聖經》的記載，現今學術界已可以肯定這四部福音書均不是出自原作者之手，而是經過

《多馬福音》與《多馬行傳》

無數次的編改而成。故此,若要深入了解耶穌,我們極需要四福音書以外的其他記載,故在1945年才被現今世代所知的《多馬福音》,具有極重大的意義。

十三、耶穌向祂的跟隨者說:「把我和其他事物相比,告訴我,我像什麼?」西門彼得向祂說:「你就像一個公義的天使。」馬太向祂說:「你就像一個聰明的哲學家。」多馬對祂說:「師傅,我的口完全不能承受我所要表達,說出你像什麼。」耶穌說:「我不是你的師傅,因為你已喝醉了,你已從我所看管的涓涓泉水裡陶醉起來。」跟著,耶穌帶他退下,向他說了三段說話。當多馬回來,他的夥伴問他說:「耶穌對你說了什麼話?」多馬向他們說:「若我把祂對我說的其中一段話告訴你們,你們會拿石頭來擲我,火焰會從石頭而出,把你們消滅。」

註:在《多馬行傳》(47) 中,多馬說耶穌曾向他說了三段話,使他在熱火中,聽後也不敢對人說,所指的就是《多馬福音》此段記載。從這裡,我們可以知道耶穌有些說話屬於隱秘的教導,一般人難以明白,而且會因為不了解而產生極大的抗拒,甚至攻擊,就好像蘇格拉底被控對神明不敬和毒害青少年而被判飲毒酒致死,耶穌的處境則更糟糕,當時猶太教的權威就要千方百計把耶穌置於死地。

在《巴多羅買福音》中,巴多羅買是耶穌十二門徒之一,他曾向抹大拉瑪利亞請教,因為她是受耶穌寵愛的信徒,耶穌也曾向她說出隱秘的教導,巴多羅買問她如何理解和承受耶穌的隱秘教導,瑪利亞的答覆和多馬十分相似,瑪利亞對他們說:「你們真的要問我這個奧秘嗎?如果我開始告訴你們,就會有火從我口中發出來,並且銷毀整個世界。」

十四、耶穌對他們說:「若你們禁食,你們會將罪惡放在自己身上;若你們祈禱,這祈禱會轉為詛咒你們;若你們施捨,你們會傷害自己的靈,

為自己的靈製造一個暗魔。若你們到任何地方，經過村落，要是有人接待你們，你們就吃他們所給，並醫治在他們當中有病的人，因為從你們口裡進入的，不會弄髒你們。相反，從你們口裡所出來的，才會弄髒你們。」

註：耶穌在第一段指出刻意為善，對自己的靈性修養沒有好處，並且會適得其反，只有發自內心的自然舉動，才是最真實持久，耶穌在四福音說人們行善不要讓左手知道右手所做的事情，又常指責當時猶太教掌權者偽善，他們當中包括祭司、經師和文士，他們刻意讓公眾知道自己在禁食和祈禱，自以為是上帝的代表，但他們的內心卻充滿邪惡，耶穌在四福音對他們的指責和這裡的意義十分相近。

那些猶太教掌權者一直設法把耶穌置於死地，這把他們的邪惡表露無遺。古希臘哲學家蘇格拉底沒有行過一件神蹟奇事，沒有醫治過任何人，當雅典城邦以大比數投票通過處死蘇格拉底以後，他們十分後悔，茫茫然發覺雅典城邦失去了一位哲人，結果他們一致通過要處死那煽動眾群殺害蘇格拉底的主謀。雅典城邦的人十分可笑，卻比猶太人善良得多。反觀耶穌的情況，那些猶太教權威的所作所為，與魔鬼沒有分別，耶穌沒有做過一件壞事，把耶穌處死後還要對追隨耶穌的人加以迫害，令人無法想像那些敬拜上帝的人，心腸是那麼狠毒。相信《多馬福音》在這裡，耶穌已作出了解釋，任何有機心的功德，對自己內在的追求都是有害無益。

第二段耶穌所說的話，在《新約聖經》中也有相似的記載，見《馬太福音》15:10-20 和《路加福音》10:1-9。這裡，耶穌教導門徒要慎言，滔滔不絕的說話對靈性的傷害比錯吃食物更甚。

十五、耶穌說：「若你看見不是從婦人所生的，你便要俯首跪拜，這就是你的父親。」

《多馬福音》與《多馬行傳》

註：這裡耶穌說出宇宙的主宰——全能的神的屬性，祂是自有永有者，祂創造一切，自己卻不是被創造出來，在伊斯蘭教經典《古蘭經》中，真主說他創造了人類世界與精靈世界，眾天神也是由他創造出來，除了祂以外，沒有一樣不是受造物。在印度教的思想中，宇宙主宰的其中一個特性是無生，即從來沒有出生過，而在我們每個人之內的永恆的靈(Atma)，正是我們每個人內在的神性所在，祂的屬性也是無生。我們每個人的身體、思想和情感會感受到人世間的種種苦痛與不幸，如何擺脫人世間的苦痛，就是要發現內在的真我，即那永恆的靈，由於祂是無生，故不會感受到人世間的苦與樂，祂只有永恆的寧靜以及神的喜樂，祂就是我們每個人內在的神，就是永恆的主宰——天父——在我們之內，我們要俯首跪拜祂，耶穌的說話正是要我們發現內在的真我，發現天父就在我們的心中。

十六、耶穌說：「也許人們會以為我來到是要給世界帶來和平，他們不知道我來到這地上是要帶來紛爭：帶來火焰、刀劍及戰爭。因為在房子裡若有五個人，其中三人要對抗兩人，或其中兩人要對抗三人，父親對抗兒子，兒子對抗父親，他們都孤身而立。」

註：耶穌在《新約聖經》中也有相似的說話，見《馬太福音》10:34-36 和《路加福音》12:49-53。為何耶穌要說出這看似有違倫理的說話？這使人感到難以理解，但若我們了解古波斯瑣羅亞斯德教的教義，可能會有另一種體會。距離今日至少 3000 年的瑣羅亞斯德教，認為未有宇宙之初就存在著善與惡兩大本原的對立。善本原是智慧、善良、真誠、純潔、仁慈和創造的體現，是光明和生命的泉源；惡本原則是愚昧、邪惡、虛偽、污穢、暴虐和破壞的代表，是黑暗和死亡的淵藪。在波斯古經《阿維斯塔》中，先知瑣羅亞斯德莊嚴地宣佈：

《多馬福音》與《多馬行傳》

「思想和言行自古皆有善惡之分，只因為原始之初，兩大本原孿生並存，真誠者求善，從惡乃虛偽之人。生命寶殿善端起，死亡魔窟惡端立，來日善者在天國分享阿胡拉的恩澤，惡者跌落阿赫里曼陰暗的地獄受罪。」(見《阿維斯塔——瑣羅亞斯德教聖書》〔伊朗〕杜斯特哈赫選編；元文琪譯；北京：商務印書館，2005 年。)

這段話中的阿胡拉 (Ahura) 是善端的主宰，名字的意思是「偉大而永恆的智慧天神」；阿赫里曼 (Ahriman) 是惡端的元兇，名字的意思是「居心險惡者」。善端的主宰創造的塵世遭到邪惡勢力的嚴重破壞，塵世是神主阿胡拉與惡魔阿赫里曼分別代表善與惡、光明與黑暗兩大勢力進行殊死鬥爭的戰場。兩大勢力相約在塵世決勝負，光明最終會把邪惡驅散，返回原初互不侵犯的狀態。若把耶穌的說話理解為善惡的鬥爭，這樣就沒有歪理可言，每個人在自己內裡要驅除邪惡的力量，並且要致力建立美好和公義的社會，把社會的醜惡去除。

塵世間的人倫關係不是每個人的終極關係，每個人都是單獨地與永恆的主宰建立關係，若父親作惡，兒子仍可以選擇行善，善惡是每個人的自由決定。在《古蘭經》中，易卜拉欣（即《舊約聖經》中的亞伯拉罕）曾苦勸父親不要崇拜偶像，應崇拜宇宙獨一的真神，但他父親不肯改變，最後易卜拉欣與父親斷絕關係，而上主對易卜拉欣的祝福從來沒有離開，在《古蘭經》中，易卜拉欣是真主的好友，故真主祝福他的後裔阿拉伯民族和以色列民族。

十七、耶穌說：「我要給你們眼睛從未看見過的，耳朵從未聽見過的，手裡從未觸摸過的，人心中從未興起過的。」

註：耶穌就是真理的示現，祂能使人體驗上主的實在，人們單靠自己是沒有能力達到的。人們必須要有一位真實的精神導師才能達到彼岸，耶穌正是歷世先知聖人中其中一位真實的精神導師。

《多馬福音》與《多馬行傳》

十八、那些門徒問耶穌：「告訴我們，我們的終結會怎樣？」耶穌說：「你們是否已發現了開端，故此要尋求終結？因為開端在那裡，終結也在那裡。那些立在開端的有福了：他將知道終結，他將嚐不到死亡。」

註：如果人類返回原初純潔的本性，正如《道德經》所言，得道的人就好像剛出生的嬰兒一般，充滿生命力，無所謂邪惡，人類的開端正是生命中的最理想狀態，如果人類能夠停留在這開端中，他將看不到死亡。在《古蘭經》(7:26-29) 中，真主叫人類要「返本還原」，回復人類始祖父母未吃禁果前的狀態，即只有純良的本性，不知道邪惡為何物。

十九、耶穌說：「那些在存在以前已經存在的人有福了。若你們成為我的跟隨者，並聽從我的話，這些石頭也會來服侍你們。因為在天堂裡有五棵樹給你們，它們不會改變，無論是夏季或冬季，葉子也不會掉落，誰認識這些的將嚐不到死亡。」

註：耶穌說「那些在存在以前已經存在的人」，可能是指在過往世代裡已經敬拜上主的人，他們在今世是有福的。

　　有關天堂裡有五棵樹的內容，在未被列入《新約聖經》中的其他福音，其中一部是《腓力福音》(The Gospel of Philip) 中記載，在上主的花園裡，我們將要吃當年人類始祖父母亞當和夏娃所吃的「知識之樹」的果子，當年亞當、夏娃所吃的使他們死亡，因為以前吃的那棵樹就是律法，它給予人類善惡的知識，但它既不為人類解除邪惡，也不能使人類有能力向善，因為他們只吃了部份，沒有吃下全部，故成了死亡的始作俑者，而耶穌說將來進入天國的人所吃下的果子卻使人嚐不到死亡：「但在這裡的這株『知識之樹』會使人存活」，因為他們將吃下全部，並不是吃這個，不吃那個。

《多馬福音》與《多馬行傳》

二十、那些門徒問耶穌:「告訴我們天國是怎樣的。」耶穌向他們說:「就像一顆芥菜的種子,是所有種子中最小的,但若落在已準備好的泥土裡,便會生長巨大,成為天上鳥兒的護蔭。」

註:耶穌在《新約聖經》中也有相似的說話,見《馬太福音》13:31-32、《馬可福音》4:30-32 和《路加福音》13:18-19。一般的解釋會把天國比喻為教會,但耶穌所指的天國,在《多馬福音》(3) 中說是在我們之內,也在我們之外,故這顆芥菜的種子也是指我們內心的天國,即我們的真我 (Atma)。

　　印度教的經典《奧義書》也將真我 (Atma) 作相似的比喻:「這是我內心的真我,小於米粒,小於麥粒,小於芥子,小於黍粒,小於黍子。這是我內心的真我,大於地,大於空,大於天,大於這世界。」(《歌者奧義書》)

二十一、瑪利亞問耶穌:「你的門徒像什麼?」耶穌說:「他們就像小孩住在一個不屬於他們的田莊裡。當田莊的主人們來到,主人會說:『把田莊歸還給我們。』於是他們便在主人面前脫去自己的衣服,好把田莊歸還給他們。故此我要說,若房子的主人知道盜賊要到來,他便會在盜賊未到來時作好準備,不許盜賊進入他的房子,奪去他所有的。你們正要戒備這世界,以巨大的力量為裝備,否則盜賊便會找到方法闖進來,那時就麻煩了。讓你們當中有人能明白吧!若田中的作物成熟,便要趕快拿起鐮刀收割去,凡有耳的都應當聽。」

註:耶穌所說的田莊就是指這世界,正如耶穌在《多馬福音》(42) 所說要門徒對此世界像個過客一樣,這世界並不屬於追隨耶穌的人,他們應對此世界無所貪戀,若我們看《新約聖經》使徒們的書信,以及此書第二

部份《多馬行傳》，我們可以看到他們只醉心於天國的福樂，對此世界視之如糞土。

至於耶穌所說的「房子」就是指我們的身體與靈魂，我們應時刻保持警覺，不要被「賊人」，就是邪惡與污穢所侵蝕，喪失了健康的身體和聖潔的靈魂。「田中的作物」就是指人類的靈魂，耶穌提醒門徒引導別人歸向上主，不要遲疑。

二十二、耶穌看見一些嬰孩受看顧，便向祂的門徒說：「這些受看顧的嬰孩就像那些進入天國的人。」他們向耶穌說：「這樣我們要像嬰孩般進入天國嗎？」耶穌向他們說：「當你們能二合為一，當你們能令內像外，令外像內，令在上像在下，當你們能令男和女合為一，好讓男非男，女非女，若你們能以眼換眼，以手換手，以腳換腳，以形象換形象，這樣你們將進入天國。」

註：耶穌說進入天國的人會像嬰孩般純真，這是多次反覆說明的道理。第二段耶穌所說的境界，大概是指人們的外表與內裡一致，沒有任何虛妄，且沒有高低、在上位和在下位、男與女的分別與歧視，因為每個人在內裡都是相同的，他們都是永恆和純潔的靈。我們內在的靈就是神的所在，無所謂高低、男女、以及任何形象。這裡是指我們的靈魂會進入天國，並不是指我們的身體，因為身體不是永恆不朽，這靈魂的工具總有衰敗的一天，身體會死亡，但靈魂不會死亡。靈魂進入天國正是人類的終極所歸。

在《道德經》中，老子把「道」，即永恆的真理，喻為「一」：

「昔之得一者，天得一以清，地得一以寧，神得一以靈，谷得一以盈，萬物得一以生，侯王得一以為天下貞。」（第39章）

白話語譯：「自古以來，凡得到『道』的：天得到道則清明，地得到道則安寧，神得到道就有靈，河川得到道則充盈，萬物得到道則滋生

繁衍，侯王得到道就能正確地統治天下。」

二十三、耶穌說：「我要揀選你們，從千人中揀一人，從萬人中揀兩人，你們將站似一人。」

註：耶穌說被揀選進入天國的人「將站似一人」，真理本為一，古往今來，不同地域、不同時代的聖人，他們所表述的真理，從來只是相通而沒有衝突。不同聖人的言行，儘管有不同的歷史文化背景，但他們所表達的真理卻站似一人。

二十四、耶穌的跟隨者說：「請指導我們如何找到你所在的地方，因為我們正要尋找它。」耶穌向他們說：「凡有耳的都應當聽。在人之內有光，這光能普照世界，若不發光，便會變成黑暗。」

註：耶穌所在的地方就是我們的內裡，亦即我們的真我，我們內在的神聖，這裡要有光，不要變成黑暗。歷世修行的人就是要去除內在的黑暗與污穢，使內在神聖之光自然顯現。

二十五、耶穌說：「愛你的兄弟如同愛你的靈魂，保護他像保護你眼睛裡的瞳孔。」

註：耶穌所說的愛是上主之愛，不是人與人之間有利益報酬、喜好憎惡之愛，這愛對得道之人是自然不過之事，並不會感到為難。

二十六、耶穌說：「你們看見你們兄弟眼中的木屑，卻看不見你們自己眼中的大樑。當你們除去你們眼中的大樑，才可以除去你們兄弟眼中的木屑。」

《多馬福音》與《多馬行傳》

註：耶穌在《新約聖經》中也有相似的說話，見《馬太福音》7:3-5 和《路加福音》6:41-42。孔子在《論語》中也有相似的教導：

〈里仁篇〉子曰：「見賢思齊焉，見不賢而內自省也。」

白話語譯：孔子說：「看見賢人，應該向他看齊；看見不賢的人，便應該自己反省，有沒有與他類似的毛病。」

〈公冶長篇〉子曰：「已矣乎，吾未見能見其過而內自訟者也。」

白話語譯：孔子說：「算了吧！我沒有看見過能夠看到自己的錯誤便自我責備的人哩。」

〈述而篇〉子曰：「三人行，必有我師焉：擇其善者而從之，其不善者而改之。」

白話語譯：孔子說：「幾個人一塊走路，其中一定有可以為我所取法的人：我選取那些優點而學習，看出那些缺點而改正。」

二十七、耶穌說：「若你們對世界不能清心寡欲，你們將找不到天國。若你們不把安息日遵守為安息日，你們將看不見父親。」

註：無論是印度教、佛教，還是道家思想，均提出修行的人應該去除世俗的欲念，才能達到印度教的解放 (Moksha)、佛教的涅槃 (Nirvana)，以及道家的得道，而耶穌也有相同的教導。安息日是猶太人遵守的聖日，那日應停止一切的工作，專心敬拜上主，故耶穌的意思是若人們不在安息日專心敬拜上主，他們便看不見天父。

二十八、耶穌說：「我站立在世界中央，我以肉身向他們顯現。我看見他們全都喝醉了。在他們當中，找不到有什麼人是渴求的。我的靈魂為人類的孩子而傷痛，因為他們心裡瞎眼，看不見。他們是空空的來到世界，也要空空的離開這世界，但現在他們都醉倒了。若他們擺脫喝酒，

那時他們才懂得轉心而明悟。」

註：在《新約聖經》中，施洗約翰和耶穌均勸導世人要「悔改」，即英語 repent，傳統以來，這詞的翻譯其實與原文的意思不盡不實，根據婁世鐘教授在他的著作中指出，這詞的希臘文和柯普特文的全部意思，若要翻譯成中文，應該是「轉心而明悟」，「悔改」只能帶出原文的局部意思。我們可看到「轉心而明悟」所包含的意思更加豐富，直指心靈的轉化，有正面向上的意思，而「悔改」只能帶出負面被動的意思。現今基督教的信仰往往把悔改認罪看得十分重要，卻忽略了內在心靈的追求，即耶穌原初話語所指，要發現內在的神性，完全不需要把罪連在一起去談。罪惡是屬於這個世界，耶穌叫世人捨棄這個世界，即包括當中的一切罪惡，因為我們是「空空的來到這世界，也要空空的離開這世界」。

二十九、耶穌說：「若肉身是為了靈而來到，這是奇妙，但若靈是為了肉身而來到，這是奇妙中的奇妙。但我更驚奇的是，如此巨大的財富如何居住在貧窮裡。」

註：耶穌所說「肉身是為了靈而來到」，是指那些生下來即為了追求靈性昇華的人，而「靈是為了肉身而來到」是指耶穌自己，他來到世間是要引導眾生。耶穌擁有巨大的精神財富，卻要居住在精神貧困的世間。

三十、耶穌說：「那裡若有三神，那裡便在上主之內。那裡若有兩個或一個，我就與之同在。」

註：耶穌所說的第一句意思可能是指上帝創造天地萬物，包括眾天神。印度教認為永恆獨一的主宰以三大主神明的形相示現給世人，就是掌管創造的梵天 (Brahma)、掌管進化和保護的毗濕奴 (Vishnu)，以及掌管毀滅

的希瓦 (Shiva)。三大主神明分別代表了永恆獨一主宰在過去、現在和未來向世人示現的形相。梵天 (Brahma)，梵文的意思是「祈禱主」，即上主以其意志創造天地萬物。毗濕奴 (Vishnu)，梵文的意思是「遍在者」，即永恆獨一的主宰遍在於一切，無處不在。而希瓦 (Shiva)，梵文的意思是「吉祥」、「至善」，希瓦進行毀滅是要達到吉祥和至善的目的。印度教對永恆獨一主宰的探索，其哲理十分有意思。

第二句的意思可能是四福音書所指：「若你們當中有兩個或三個人奉我的名在一起，我就在他們中間。」（《馬太福音》18:20）

三十一、耶穌說：「先知在他的故鄉不會被接受，醫生不能醫治那些認識他的人。」

註：耶穌在《新約聖經》中也有相似的話，見《馬太福音》13:57、《馬可福音》6:4 和《路加福音》4:23-24。筆者猜想，為何耶穌不被自己故鄉的人所接受，這可能是因為耶穌的出生十分寒微，他不是貴族、大祭司、經師或文士的後裔，他只是木匠的兒子，而耶穌本人也是一個木匠，同時也可以看到耶穌在故鄉一定十分低調、平凡，以致故鄉裡從來沒有人發覺耶穌的過人之處。

在《道德經》中，老子也有相似的說話：「知我者希，則我者貴。是以聖人被褐懷玉。」（第 70 章）

白話語譯：「理解我的人很少，仿效我的人更難能可貴。聖人就像穿著粗布衣服，卻懷揣著美玉一般，雖不為眾人理解，卻身懷大道。」

三十二、耶穌說：「建在高山上設有防衛的城市不能被傾倒，也不能被隱沒。」

註：「高山」是指我們內在的神聖，「設有防衛的城市」就是指時刻保

持清醒，戒備世界一切邪惡與誘惑的個我靈魂。耶穌說，只有這樣我們才「不能被傾倒，也不能被隱沒」，安住在神的國度裡。

三十三、耶穌說：「從屋頂上宣告出來的，你們耳朵所聽到的，在另一個耳朵裡也能聽到。沒有人點了燈，會把它放在量斗下，或放在隱秘的地方。相反，他會放在燈臺上，好讓來往的人看見那光。」

註：耶穌在《新約聖經》中也有相似的話，見《馬太福音》5:15、《馬可福音》4:21 和《路加福音》8:16 及 11:33。我們每個人內在的真我，都要發光。這光能光照世界，使世界變得光明。我們每個人內在的真我都是互通的，「你耳朵裡所聽到的，在另一個人的耳朵裡也能聽到」，而「屋頂上」就是指真我的主宰──永恆的上主。

三十四、耶穌說：「若瞎子領瞎子走路，兩人都會跌落坑子裡。」

註：耶穌在《新約聖經》中也有相似的話，見《馬太福音》15:14 和《路加福音》6:39。耶穌的說話指出人應有自知之明，若自己是瞎子，即還未得道，就不要因出於虛榮而帶領別人，好為人師。相反，自己應該不斷尋索，直到尋見，發現內在的天國。在佛陀時代，佛陀所帶領的僧團中曾有三戒、五戒、八戒和十戒，凡犯下小戒者，可以改正錯失，繼續留在僧團裡修行；凡犯下大戒者，必須離開僧團。除了殺戒和淫戒外，第三條大戒就是未得到正覺而自稱已得到正覺者，這些人必須離開僧團，因為正如耶穌所說：「若瞎子領瞎子走路，兩人都會跌落坑子裡。」

三十五、耶穌說：「你們不能進入強者的居所並把他制服，除非你們綑綁他的雙手，然後把他趕走。」

註：耶穌在《新約聖經》中也有相似的話，見《馬太福音》12:29、《馬可福音》3:27 和《路加福音》11:21-22。「強者的居所」即被世界欲念所佔有的個我靈魂，我們要驅除世俗的欲念，即耶穌所說，「綑綁他的雙手，然後把他趕走」。所有宗教，包括伊斯蘭教、印度教、佛教和道家思想，均指出修行的人應去除世俗的欲念，耶穌的教導也是一樣。

三十六、耶穌說：「不要憂慮，從早晨到黃昏，從黃昏到早晨，你們所穿的是什麼。」

註：耶穌在《新約聖經》中也有相似的話，見《馬太福音》6:25-34 和《路加福音》12:22-31。若我們能捨棄世間的欲念，在內裡就不用擔心衣食，儘管我們在外表上還須積極、正當地幹活。

三十七、耶穌的跟隨者說：「你何時將向我們顯現，我們何時將看見你？」耶穌說：「若你們能脫去外衣而並不感到羞恥，把你們的衣服放在腳下，像小孩子般踐踏戲耍，這樣你們會看見生命之子，你們不會害怕。」

註：耶穌在這裡指出若人們像小孩子般純真，沒有淫邪污穢的思想，便可以看見祂。

三十八、耶穌說：「你們時常渴望聽見我向你們所說的話，因為你們不能從什麼人那裡聽見。將有一天，你們尋找我，但你們卻找不到我。」

註：耶穌在《新約聖經》中也有相似的話，見《路加福音》17:22。耶穌這段說話好像預示祂的真正教導及本相將會被扭曲及誤解，成為一些僵化的教條思想，代替了永恆的真理，故人們去尋找祂，卻找不到祂。

《多馬福音》與《多馬行傳》

三十九、耶穌說：「法利賽人和經師奪去了知識的鑰匙，並將它隱藏。他們沒有進入，也不讓別人進入。故此，你們要靈巧如蛇，純真如鴿子。」

註：耶穌在《新約聖經》中也有相似的話，見《馬太福音》10:16 及 23:13、《路加福音》11:52。在《古蘭經》中，真主對以色列人也有相同的指責，說他們扭曲天經：「明知故違地以偽亂真，隱諱真理」(2:42)。耶穌在這裡說出人們要有聰明、智慧，以及純良的本性，才可以辨別真理。

四十、耶穌說：「一棵栽種在外邊、遠離了父親的葡萄籐，因為不夠強壯，便會被連根拔起，並將枯萎。」

註：耶穌在《新約聖經》中也有相似的話，見《馬太福音》3:7-10 及 15:13、《路加福音》3:7-9 和《約翰福音》15:5-6。伊斯蘭教教導世人要時刻記念真主，敬拜真主，這也正是耶穌的教導。

四十一、耶穌說：「誰人手裡有的，還要給他更多。誰人手裡沒有的，在他手裡所僅有的，也要被奪去。」

註：耶穌在《新約聖經》中也有相似的話，見《馬太福音》13:11-12 及 25:29、《馬可福音》4:24-25 和《路加福音》19:26。我們可以這樣想：一個有靈性智慧的人，他在精神上所得到的會越來越豐富；一個愚蠢不肯上進的人，他所失去的也會越來越多。

四十二、耶穌說：「要像個過客。」

註：耶穌在《新約聖經》中也有相似的話，見《馬太福音》12:29、《馬可福音》3:27 和《路加福音》11:21-22。「強者的居所」即被世界欲念所佔有的個我靈魂，我們要驅除世俗的欲念，即耶穌所說，「綑綁他的雙手，然後把他趕走」。所有宗教，包括伊斯蘭教、印度教、佛教和道家思想，均指出修行的人應去除世俗的欲念，耶穌的教導也是一樣。

三十六、耶穌說：「不要憂慮，從早晨到黃昏，從黃昏到早晨，你們所穿的是什麼。」

註：耶穌在《新約聖經》中也有相似的話，見《馬太福音》6:25-34 和《路加福音》12:22-31。若我們能捨棄世間的欲念，在內裡就不用擔心衣食，儘管我們在外表上還須積極、正當地幹活。

三十七、耶穌的跟隨者說：「你何時將向我們顯現，我們何時將看見你？」耶穌說：「若你們能脫去外衣而並不感到羞恥，把你們的衣服放在腳下，像小孩子般踐踏戲耍，這樣你們會看見生命之子，你們不會害怕。」

註：耶穌在這裡指出若人們像小孩子般純真，沒有淫邪污穢的思想，便可以看見祂。

三十八、耶穌說：「你們時常渴望聽見我向你們所說的話，因為你們不能從什麼人那裡聽見。將有一天，你們尋找我，但你們卻找不到我。」

註：耶穌在《新約聖經》中也有相似的話，見《路加福音》17:22。耶穌這段說話好像預示祂的真正教導及本相將會被扭曲及誤解，成為一些僵化的教條思想，代替了永恆的真理，故人們去尋找祂，卻找不到祂。

三十九、耶穌說:「法利賽人和經師奪去了知識的鑰匙,並將它隱藏。他們沒有進入,也不讓別人進入。故此,你們要靈巧如蛇,純真如鴿子。」

註:耶穌在《新約聖經》中也有相似的話,見《馬太福音》10:16 及 23:13、《路加福音》11:52。在《古蘭經》中,真主對以色列人也有相同的指責,說他們扭曲天經:「明知故違地以偽亂真,隱諱真理」(2:42)。耶穌在這裡說出人們要有聰明、智慧,以及純良的本性,才可以辨別真理。

四十、耶穌說:「一棵栽種在外邊、遠離了父親的葡萄籐,因為不夠強壯,便會被連根拔起,並將枯萎。」

註:耶穌在《新約聖經》中也有相似的話,見《馬太福音》3:7-10 及 15:13、《路加福音》3:7-9 和《約翰福音》15:5-6。伊斯蘭教教導世人要時刻記念真主,敬拜真主,這也正是耶穌的教導。

四十一、耶穌說:「誰人手裡有的,還要給他更多。誰人手裡沒有的,在他手裡所僅有的,也要被奪去。」

註:耶穌在《新約聖經》中也有相似的話,見《馬太福音》13:11-12 及 25:29、《馬可福音》4:24-25 和《路加福音》19:26。我們可以這樣想:一個有靈性智慧的人,他在精神上所得到的會越來越豐富;一個愚蠢不肯上進的人,他所失去的也會越來越多。

四十二、耶穌說:「要像個過客。」

註：耶穌復活後曾到過克什米爾 (Kashmir)，這是傳統基督教不肯去理會的議題。在印度德里南部有一座堡壘 (Agra Fort)，這是印度穆斯林王朝時代的建築，附近有一座石碑，刻上耶穌兩段說話：

「耶穌（平安與祂同在）曾這樣說：『世界是一座橋，穿越它，而不要在此定居。』」

「耶穌（平安與祂同在）曾這樣說：『世界就如一座傲慢的樓房，要以此為戒，不要在其上建築。』」

我們翻查現存整部《新約聖經》，均沒有記載耶穌這兩段說話，但在《多馬福音》中，耶穌卻有不少類似此思想的說話，耶穌教導門徒對世間要像個過客，不要依戀世界一切事物。在《多馬福音》柯普特語的原文直譯是：「你們來到世間，要消逝而去」，其意思與印度德里南部的石刻十分相似。

四十三、耶穌的跟隨者問祂說：「向我們說這些話，你是誰？」「你們不能夠從我所說的話知道我是誰。相反，你們就像那些猶太人，他們愛那樹，但卻恨那樹上的果實，或他們愛那果實，但卻恨那樹。」

註：綜觀《聖經》有關猶太人的歷史，我們可以知道，猶太人雖然敬拜上主，但卻往往否定眾先知，以及他們的一切明證，包括耶穌本人，以及後來的穆罕默德，故他們雖然愛那樹，卻恨樹上的果實。而今日的基督教徒，他們接受耶穌（那果實），卻不接受伊斯蘭教所指向的獨一主宰（那樹）。

四十四、耶穌說：「誰若褻瀆父親，都會得到寬恕。誰若褻瀆兒子，都會得到寬恕。但誰若褻瀆聖靈，無論在地上或天上，都得不到寬恕。」

註：耶穌在《新約聖經》中也有相似的話，見《馬太福音》12:31-33、《馬可福音》3:28-29 和《路加福音》12:10。

在這裡可看到耶穌對聖靈的看重比天父及自己更加深，這看似有點難理解，若我們知道聖靈就是耶穌的母親，耶穌與聖靈的關係最密切，這或有助了解耶穌這段話。在伊斯蘭教聖典《古蘭經》中，經常提及「麥爾彥之子爾撒」，即「瑪利亞之子耶穌」，爾撒必定與麥爾彥連在一起稱呼，從來不會單獨稱呼爾撒，《新約聖經》甚少提及耶穌的父親約瑟，而在《古蘭經》中更從來沒有提及他，彷彿耶穌只有母親而沒有父親，在《古蘭經》中真主多次說祂以「玄靈」來扶助爾撒，「玄靈」即是聖靈。在《古蘭經》(2:87) 中真主宣稱：「我把許多明證賜給麥爾彥之子爾撒，並以玄靈扶助他。」這段說話多次出現在《古蘭經》中，再看天主教一直以來的傳統，耶穌與母親的關係特別密切，而耶穌真正的母親就是聖靈。

筆者後來再思索此段說話，父親與兒子都是外在的神靈，可說是永恆獨一主宰的兩個不同面相，而聖靈正是每個人內在的神聖，即永恆獨一的上主在我們心中。人們若否認外在的信仰，還可以有獲得寬恕的餘地，但若人們否認自己內在的神聖，即人們的良知善性，就永遠都不會得到永恆獨一主宰的赦免。

四十五、耶穌說：「葡萄不能從荊棘中收割出來，無花果不能從薊叢中摘取出來，因為這些都不能結果實。良善的人從他積善的寶庫裡帶來良善，惡人從內心積惡裡帶來邪惡，並說出邪惡的話來，因為從他內心深處，這人會帶出邪惡的事物來。」

註：耶穌在《新約聖經》中也有相似的話，見《馬太福音》7:16-18 及 12:33、《路加福音》6:43-45。一個人內心善良，自然會行出善事；一個人內心邪惡，自然會行出惡事。故此，一個人內心的精神修養才是最根

《多馬福音》與《多馬行傳》

本、最重要。

四十六、耶穌說:「從亞當到施洗約翰,從婦人所生者當中,沒有人比施洗約翰更偉大,使人眼睛不轉移。但我曾說過,在你們當中誰人如同小孩般,他將認識天國,並將被高舉在約翰之上。」

註:耶穌在《新約聖經》中也有相似的話,見《馬太福音》11:11 和《路加福音》7:28。亞當是人類的始祖,施洗約翰是上主差派來到世間的其中一個使者。耶穌在這裡強調認識真實自我者,即人們內在的神聖,就如同小孩般純潔善良,這是靈性的最高境界。

四十七、耶穌說:「一個人不能同時騎上兩匹馬或彎上兩把弓。一個僕人不能同時服侍兩個主人,因為他會重視這一個,輕視另一個。沒有人喝過陳酒,立刻要喝新酒。新酒不會倒進陳年的酒皮袋裡,否則皮袋會破裂;陳酒也不會倒進新造的酒皮袋裡,否則皮袋也同樣破裂。舊布不會縫補在新的衣裳上,因為這樣會造成裂縫。」

註:耶穌在《新約聖經》中也有相似的話,見《馬太福音》6:24 及 9:16-17、《馬可福音》5:21-22 和《路加福音》5:36-39 及 16:13。耶穌所說的頭一段話:「兩匹馬」、「兩把弓」和「兩個主人」是指上主及世界,我們兩者只能選擇其一,這是伊斯蘭教的信仰,也是基督教應有的信仰。下一段說話指耶穌的教導有如新酒、新衣,重視內心的精神修煉,這不能與猶太人傳統只重視外表的敬拜相容。

四十八、耶穌說:「若兩人在同一房子裡達至和平,他們向大山說:『移開吧!』大山也會移動。」

註：耶穌在《新約聖經》中也說過相似的話，見《馬可福音》11:22-23，《馬太福音》17:20、18:19、21:21-22。耶穌的說話可和《多馬福音》(2) 相對應，得道的人能「統治萬事萬物」，歷世不同文化與宗教的聖人均能行出眾多神蹟奇事，正是耶穌的說話所在。

四十九、耶穌說：「上主祝福那些孤單及被揀選的人，因他們將尋見天國。你們由那裡而來，也要再次回到那裡去。」

註：在四福音書中，耶穌說：「你們要進窄門。因為引到滅亡，那門是寬的，路是大的，進去的人也多；引到永生，那門是窄的，路是小的，找著的人也少。」（《馬太福音》7:13-14）我們可推想，進入天國的人在世界總人口的比例應該屬少數，世俗的一般人往往避免談論或思考有關上主的信仰，以及靈性的知識，彷彿現世就是他們所有的一切，故此一個追求上主的人，難免在世上屬孤單的一群。耶穌後一段說話在《古蘭經》中經常出現：

「我們確是真主所有的，我們必定只歸依祂。」(We belong to God and to Him we shall return.) (2:156)

「真主是最後的歸宿。」(To God shall all return.) (3:28)

「天地萬物都是真主的，萬事只歸真主。」(His is all that the heavens and the earth contain. To God shall all things return.) (3:109)

五十、耶穌說：「若有人對你們說：『你們從那裡來？』向他們說：『我們從那光而來，那地方，光自身存在，自身建立，並顯現自身的形象。』若他們向你們說：『這光就是你們嗎？』說：『我們就是這光的孩子，我們是活生生的父親所揀選的。』若他們問你們：『有什麼證據證明你們的父親就在你們裡面？』向他們說：『它是運動，也是靜止。』」

《多馬福音》與《多馬行傳》

註：在這裡，耶穌說出永恆的主宰在我們的心裡是運動，也是靜止，在基督教傳統以來的教義中完全沒有這個概念思想，但耶穌所指的一動一靜的力量正與中國遠古的文明精髓相吻合，中國最古老的典籍《易經》被推崇為群經之首，儒家和道家的思想均以《易經》為重要依歸，《易經》解釋天地宇宙的生成變化，以及人生命運的處世之道，《易經》的「易」字由古文「日」與「月」兩字組成，日為陽，月為陰，陽與陰，即動與靜，正揭示了宇宙生成變化的奧秘，正是此陰陽相生的力量創造宇宙萬物，萬事萬物的發展變化都是由此一陽一陰的力量所支配。中國道家的太極圖，在一個圓形內半黑半白，而且黑中有白，白中有黑，即陰中帶陽，陽中帶陰，亦即動中有靜，靜中有動，太極圖正標示這宇宙人生的奧秘。在2000多年前耶穌說出此奧秘，而中國文化在3000年前已感悟此宇宙人生的奧秘，並且有翔實的解說。了解《易經》，即能了解宇宙人生，也能了解耶穌在這裡所說的奧秘，在此不能不讚嘆中國遠古文明的深邃！

五十一、祂的跟隨者問耶穌說：「死去的人什麼時候才能安息？新的世界什麼時候才會來臨？」祂回答說：「你們所尋找的已經來到，但是你們呀！你們不認識。」

註：耶穌在這裡發出失望的語氣，在《多馬福音》中，有幾處記錄耶穌對跟隨者失望的話語，耶穌的臨在正是真理的體現，正是新世界、新思維的開始，人類的整體意識，以及對靈性的感悟應因為耶穌曾來到人間而得到大大的提昇。

五十二、祂的跟隨者問耶穌說：「以色列人以前的二十四位先知，他們全都談論你。」祂回答說：「你們只顧談論那些死去的人，卻不理會站

在你們面前活生生的那位。」

註：耶穌在這裡的話，與第五十一節的話表達相同的意思。

五十三、祂的跟隨者問耶穌說：「割禮有沒有好處？」耶穌回答說：「如果割禮有好處，孩子的父親會讓他們從母親出來以前便行了割禮。其實，在靈性內行真正的割禮才會惠及萬事萬物。」

註：割禮是以色列民族向初生男嬰所行的禮儀，在這裡耶穌指出靈性上的轉化提昇比外在儀式更重要。

五十四、耶穌說：「貧窮的人有福了，因為你們所有的就是這眾天堂的國度。」

註：在耶穌時代，猶太人有三大宗派，其中兩派在《新約聖經》中經常出現，就是反對耶穌教導的法利賽人和撒都該人。法利賽人 (Pharisees) 只重視外在的信仰儀式，自以為神聖，而撒都該人 (Sadducess) 只信仰摩西五經（即《舊約聖經》頭五卷書），否認先知及古人的遺傳，他們不相信有鬼、天使、來生和復活的事。第三派就是艾賽尼派 (Essenes)，他們重視精神的富足而輕視世間的物質財富，重視與神同在的靈性修行而不是宗教教條，耶穌在四福音書的說話和在此《多馬福音》的說話也有此思想（見《馬太福音》5:3 和《路加福音》6:20）。很多學者認為耶穌和他的親弟弟雅各的信仰思想與艾賽尼派十分相近，而《新約聖經》中記載耶穌的先驅施洗約翰，更是屬於艾賽尼派的分支。

　　早在 1937 年，語言學家愛德蒙‧波迪奧‧石基理 (Edmond Bordeaux Szekely) 從梵諦岡圖書館的秘密檔案處和奧地利哈斯堡皇家圖書館的藏書中，把艾賽尼派有關耶穌的教導由耶穌時代的亞蘭語先後翻譯成法語和

《多馬福音》與《多馬行傳》

英語出版，書名是《耶穌基督的平安福音》（第一冊）(The Gospel of Peace of Jesus Christ by the Disciple of John) (Book1)。在 1974 年出版第二和第三冊，到 1981 年出版第四冊。筆者於 1998 年把此四冊書翻譯成中文一併出版：《艾賽尼派的平安福音》（四卷），明師出版社。此四卷書可看到艾賽尼派對耶穌的信仰與教導，是我們今日可以接觸到最原初的記載，與《多馬福音》的價值相同。

五十五、耶穌說：「那些愛父親和母親比愛真理更甚者，不能成為我的門徒；那些愛兄弟姐妹比愛真理更甚者，不像我一樣背負起十字架，不配跟從我。」

註：耶穌在《新約聖經》中也有相似的話，見《馬太福音》10:37-38 和《路加福音》14:26-27。父母、兄弟、姐妹都是屬於這世界的人倫關係，而真理就是永恆美善的價值，耶穌多次告訴人們，不要貪戀這世界的一切。「十字架」就是每個人生命中的苦難，我們要像耶穌一樣，不會貪戀、執著世間的事物，以美善的價值完成生命中的責任。

五十六、耶穌說：「誰若認識這世界，他已找到了一具軀殼；誰若找到了一具軀殼，對那人來說，世界不值得什麼。」

註：耶穌在此處所說的話，與第八十節所說的話相同，耶穌說出人們生下來應看重自己內在的靈性價值多於這個世界。耶穌在《多馬福音》多處說出相似的話，人應以自己的肉身去認識上主，敬拜上主，而不是依戀這世界的物欲享受。

五十七、耶穌說：「天父的國就像一個人有一些優良的種子。他的仇敵在夜裡來到，在好種子的中間栽種雜草的種子。那人知道後卻不讓別人

把雜草拔去。他這樣說：『不要這樣，否則你拔雜草的同時，會把那些小麥一起拔去。』因為到了收割之日，那些雜草便會暴露出來，那時才把這些雜草拔去燒掉。」

註：耶穌在《新約聖經》中也有相似的話，見《馬太福音》13:24-30 及 36-43。耶穌所說的「收割之日」就是伊斯蘭教所說的審判之日，每個人都要接受上主的終極審判，上主會依據每個人的善行與惡行去決定哪些人得享樂園永恆的福樂，哪些人要接受火獄的刑罰。

五十八、耶穌說：「那些經歷艱辛而發現生命的人有福了。」

註：耶穌所說的「生命」就是指永恆的生命，即我們的真我 (Atma)。

五十九、耶穌說：「在你有生之年，要渴望看到並追尋活生生的那位，以免你死了以後，你想看活生生的那位，也不能看見。」

註：耶穌說出人應該在有生之年認識上主，以免死了以後再沒有任何機會。在《古蘭經》中，真主說那些生前不敬拜真主，不去行善的人，在審判之日才後悔，再也沒有任何用處了：「不義者的托辭無裨於他們之日，他們將遭棄絕，他們將受後世的刑罰。」(40:52)

六十、耶穌看見一個撒瑪利亞人，帶著一隻羔羊，到猶太地區去。耶穌對跟隨者說：「那人把羔羊捲曲起來。」跟隨者對耶穌說：「他會把羔羊殺死吃掉。」耶穌對他們說：「羔羊還活著的時候，他不會把羔羊吃掉，他會先殺死羔羊，讓牠變成一具屍體，才把牠吃掉。」跟隨者說：「否則他就不能吃牠。」耶穌對他們說：「你們也是一樣，你們要為自己找一個可以安息的地方，以免你們來到世間成為一具屍體，然後被吃

掉。」

註：人的靈魂若忘記了上主，就如同一具屍體，被世間的一切物質與欲望吃掉。人若越追求此世間，就會越感到痛苦。只有追求上主，才會得到精神上的喜樂，故此佛陀對世界的評價是「一切皆苦」。

六十一、耶穌說：「兩個人在睡椅上睡，有一個會死，有一個會生。」撒羅米說：「先生，你是誰？好像你從那獨一的主宰那裡來的那樣。而你在我的睡椅上坐躺，在我的餐桌上進食。」耶穌對她說：「我是從整體那裡來的，我用的都是天父給我的各樣事物。」「我是你的跟隨者。」「為此我對妳說，如果一個人成為整體，那人便充滿了光。但如果一個人是分離的部份，那個人便充滿黑暗。」

註：「整體」就是與神合一同在，即「梵我合一」的境界，這要發現內在的真我，才能達到。任何人發現真我，他就是與神合一同在，他就是整體，在光明之中，而不是分離的自我，只有黑暗。
　　撒羅米是耶穌其中一個女跟隨者，在《馬可福音》(16:1) 中記載耶穌被釘死十字架安葬後，第三日抹大拉瑪利亞、雅各的母親瑪利亞和撒羅米買了香膏要去膏耶穌的身體，卻發現耶穌已經復活了。

六十二、耶穌說：「我只向那些值得的人揭示我的隱秘。不要讓你的左手知道你的右手在做什麼。」

註：耶穌在《新約聖經》福音書中曾說過，不要把聖物與珍珠送給豬和狗(《馬太福音》(7:6)，與這裡的話「我只向那些值得的人揭示我的隱秘」相似。後一段話在福音書中也有相似的記載（《馬太福音》6:3-4），意思是指一個人行善應是自然的舉動，不應存有任何機心。

六十三、耶穌說：「有個富人，他有許多錢財。他對自己說：『我要運用我的錢財，播種，等候成熟，然後收割。這樣我的倉庫便能填滿，我便不致缺乏。』他心中想著這些事情，可是當天晚上，他便死了。凡有耳的都應當聽。」

註：耶穌在《新約聖經》中也有相似的話，見《路加福音》12:16-21。在世俗事務上，人以為自己能安排一切，但事實上，人自己最切身的生命卻由不得自己控制，這是由賜予生命者所控制。

六十四、耶穌說：「有一個人要接待客人，他把筵席擺好，然後叫僕人去邀請客人。僕人到第一個客人那裡去，向他說：『我主人邀請你。』那人回答說：『我有幾個商人今晚會來這裡，我有一些錢必須給他們作為買賣，請恕我不能參加那筵席。』僕人到第二個客人那裡去，向他說：『我主人邀請你。』那人回答說：『我買了一所房子，使我忙碌一整天，我沒時間來了。』僕人到另一個客人那裡去，向他說：『我主人邀請你。』那人回答說：『我有一位朋友將要結婚，我要負責安排筵席，我不能來了，請恕我不能參加。』僕人到另一個客人那裡去，向他說：『我主人邀請你。』那人回答說：『我買了一塊農地，現正要去收佃租，我不能來了，請恕我不能出席。』僕人回家告訴主人：『那些你邀請參加晚宴的人都不能出席。』主人對僕人說：『到街上去，你踫見什麼人，便叫他們來參加晚宴。』做買賣生意的人不能進入我父親的地方。」

註：耶穌在《新約聖經》中也有相似的話，見《路加福音》14:15-24。人們生下來好像被教導只熱衷於世俗事務，工作、休息以後，就是世俗的吃喝玩樂，很少人會去思考上主，思考生命的奧秘，希望認識真理和敬拜上主，這好像是世俗人的禁地。

《多馬福音》與《多馬行傳》

六十五、耶穌說:「從前有一個至善者,他擁有一個葡萄園,他把葡萄園租給幾個佃農,讓他們種植經營,然後向他們收取收成。他差派僕人到佃農那裡去,代他收取收成。那些佃農把僕人捉住,將他毆打,還險些將他殺死。僕人回去告訴主人。主人說:『也許僕人不認識那些佃農。』他差派另一個僕人去,那些佃農將他毆打如故。於是主人差派他的兒子前去,他說:『也許他們會尊重我的兒子。』那些佃農知道那兒子是葡萄園的繼承人,便把他捉住,將他殺死。凡有耳的都應該聽。」

註:耶穌在《新約聖經》中也有相似的話,見《馬太福音》21:33-41、《馬可福音》12:1-9 和《路加福音》20:9-16。在瑣羅亞斯德教的信仰中,善良的主宰阿胡拉 (Ahura) 也被稱為至善者,而印度教的三大主神之一希瓦 (Shiva),名字也有至善和吉祥的意思。那至善者——上主——曾差派眾先知去見證祂的實在,均一一被拒絕、否定,這包括耶穌本人,甚至後來的先知穆罕默德,也被基督教拒絕認識和接受。

六十六、耶穌說:「給我展示這塊石頭吧!它是一塊匠人所遺棄的石頭,卻是一塊屋牆下的基石。」

註:耶穌在《新約聖經》中也有相似的話,見《馬太福音》21:42、《馬可福音》12:10 和《路加福音》20:17。耶穌有如一塊被「遺棄的石頭」,遭此醜惡的世界和以色列民族所拒絕,但耶穌的靈性教導卻是人們心中的基石。

六十七、耶穌說:「一個人如果知道萬事萬物,但他仍然渴望找到自己,他便是渴望找到了萬事萬物的所在。」

註：耶穌多次說出認識自己、找到自己的重要性。這個自己就是真我，與獨一主宰合一同在的精神境界。

六十八、耶穌說：「不論何時，那些不單受憎惡，甚至受逼迫的人，正受上主的祝福，因為沒有人能找到你們曾受迫害的心靈深處。」

註：耶穌所說的「心靈深處」，就是上主的居所，沒有人可以觸及。只有真心求道之人，還要得到真正導師(例如耶穌)的教導和上主的恩典，才可以達到。

六十九、耶穌說：「那些心靈受迫害的人有福了，因為他們真正認識天父。那些飢餓的人有福了，因為他們飢餓的腸胃將會得到飽足。」

註：耶穌在《新約聖經》中也有相似的話，見《馬太福音》5:6-12。「心靈的迫害」是指世俗的邪惡，人們不以世俗的邪惡為伴，自然是真正認識天父。「飢餓」是指人們對真理，對認識上主的渴求，他們必得到上主豐厚的回報。

七十、耶穌說：「如果你能帶出在你之內所有的，那你所有的會拯救你。如果你沒有那在你之內的，你在內所沒有的，將把你殺掉。」

註：真正能拯救一個人的，是那人的精神狀態，即那人的靈性生命，故此歷世不同宗教的修行者就是要豐富內在的靈性生命，而不是可衰敗的身體。

七十一、耶穌說：「我會毀掉這房子，任何人都不能將它興建……」

《多馬福音》與《多馬行傳》

六十五、耶穌說：「從前有一個至善者，他擁有一個葡萄園，他把葡萄園租給幾個佃農，讓他們種植經營，然後向他們收取收成。他差派僕人到佃農那裡去，代他收取收成。那些佃農把僕人捉住，將他毆打，還險些將他殺死。僕人回去告訴主人。主人說：『也許僕人不認識那些佃農。』他差派另一個僕人去，那些佃農將他毆打如故。於是主人差派他的兒子前去，他說：『也許他們會尊重我的兒子。』那些佃農知道那兒子是葡萄園的繼承人，便把他捉住，將他殺死。凡有耳的都應該聽。」

註：耶穌在《新約聖經》中也有相似的話，見《馬太福音》21:33-41、《馬可福音》12:1-9 和《路加福音》20:9-16。在瑣羅亞斯德教的信仰中，善良的主宰阿胡拉 (Ahura) 也被稱為至善者，而印度教的三大主神之一希瓦 (Shiva)，名字也有至善和吉祥的意思。那至善者——上主——曾差派眾先知去見證祂的實在，均一一被拒絕、否定，這包括耶穌本人，甚至後來的先知穆罕默德，也被基督教拒絕認識和接受。

六十六、耶穌說：「給我展示這塊石頭吧！它是一塊匠人所遺棄的石頭，卻是一塊屋牆下的基石。」

註：耶穌在《新約聖經》中也有相似的話，見《馬太福音》21:42、《馬可福音》12:10 和《路加福音》20:17。耶穌有如一塊被「遺棄的石頭」，遭此醜惡的世界和以色列民族所拒絕，但耶穌的靈性教導卻是人們心中的基石。

六十七、耶穌說：「一個人如果知道萬事萬物，但他仍然渴望找到自己，他便是渴望找到了萬事萬物的所在。」

註：耶穌多次說出認識自己、找到自己的重要性。這個自己就是真我，與獨一主宰合一同在的精神境界。

六十八、耶穌說：「不論何時，那些不單受憎惡，甚至受逼迫的人，正受上主的祝福，因為沒有人能找到你們曾受迫害的心靈深處。」

註：耶穌所說的「心靈深處」，就是上主的居所，沒有人可以觸及。只有真心求道之人，還要得到真正導師(例如耶穌)的教導和上主的恩典，才可以達到。

六十九、耶穌說：「那些心靈受迫害的人有福了，因為他們真正認識天父。那些飢餓的人有福了，因為他們飢餓的腸胃將會得到飽足。」

註：耶穌在《新約聖經》中也有相似的話，見《馬太福音》5:6-12。「心靈的迫害」是指世俗的邪惡，人們不以世俗的邪惡為伴，自然是真正認識天父。「飢餓」是指人們對真理，對認識上主的渴求，他們必得到上主豐厚的回報。

七十、耶穌說：「如果你能帶出在你之內所有的，那你所有的會拯救你。如果你沒有那在你之內的，你在內所沒有的，將把你殺掉。」

註：真正能拯救一個人的，是那人的精神狀態，即那人的靈性生命，故此歷世不同宗教的修行者就是要豐富內在的靈性生命，而不是可衰敗的身體。

七十一、耶穌說：「我會毀掉這房子，任何人都不能將它興建……」

《多馬福音》與《多馬行傳》

註：耶穌所說的「房子」，可以理解為人的身體，以及這個物質世界。人的身體必有死亡的一天，無法挽回，這個世界也會有末日的時候。

七十二、有個人對耶穌說：「請叫我的兄弟們將父親的財產分給我。」耶穌對那人說：「先生，誰叫我做為人分產者？」耶穌轉頭問跟隨者：「我不是個分割者，是嗎？」

註：耶穌在《新約聖經》中也有相似的話，見《路加福音》12:13-14。耶穌的教導是要人們認識真正的自己，與上主合一同在，並不是要人們從宇宙整體中分割出來，做一個自私自利、自以為是的人。

七十三、耶穌說：「要收割的實在太多，可是工人卻太少，因此要請求主人多派工人協助收成。」

註：耶穌在《新約聖經》中也有相似的話，見《馬太福音》9:37-38 和《路加福音》10:2。真正明白真理，並活出真理的人，實在很少，只是相信僵化、不合理的教條思想的信徒卻不少，但他們無助於上主的工作。

七十四、耶穌說：「主人啊！有許多人在飲水泉的外圍，然而在井裡卻什麼也沒有。」

註：在這裡耶穌好像說有很多人圍在一起等待得到水喝，然而井裡卻沒有水，人們外在的追求都是一樣。只有內在的追求，才會發現真我，發現生命的活水從內裡湧流出來。

在這裡耶穌稱呼上主為「主人」，而不是「天父」，在《古蘭經》中，真主說所有先知均是真主的僕人，他們十分願意作真主的僕人，並不會介意。所謂父親與兒子的稱呼只是一種比喻親密的關係，耶穌不單

稱自己是天父的兒子 (Son of God)，更稱自己為「人子」(Son of Man)，而且耶穌也把所有世人稱作天父的兒女。

七十五、耶穌說：「有許多人站在門外，但只有那些合一的，才能進入婚宴的大堂。」

註：「合一」的意思是指與神合一同在的意思，即中國儒家、道家思想所指的「天人合一」，或印度教所指的「梵我合一」。而在印度教的思想中，梵文「瑜伽」(yoga) 的意思就是「聯合」的意思，「瑜伽」的本意就是透過一些方法達到與宇宙的主宰合一同在的境界，即沒有神、我的二元對立，兩者成為一體。在《聖經》中，多次把人與神的相愛關係看成是新郎與新娘締結良緣的關係，在印度教中也有相同的表述。這些表述都只是一種比喻，最接近真理的描述是——神我合一，無法言說——正如老子在《道德經》所說：「道可道，非常道；名可名，非常名。」

七十六、耶穌說：「天父的國就像一個商人，他擁有一件值錢的貨物，然後他又發現了一顆珍珠。那商人精明謹慎，他賣出了他的貨物，為自己買下那顆珍珠。你們也要一樣，要追求那不朽壞的財富。在那裡的財富，飛蛾不能吞吃，蠹蟲不能毀壞。」

註：耶穌在《新約聖經》中也有相似的話，見《馬太福音》6:19-21 及 13:44-46 和《路加福音》12:33。耶穌所說的「一顆珍珠」，就是我們內在永恆不滅的真我，我們應該豐富自己的精神修養，捨棄外在可朽壞的世俗物質渴求。

七十七、耶穌說：「我是所有事物之上的光。我是一切，一切從我而來，一切亦最終歸向我。劈開一塊木頭，我就在那裡；翻起一塊石頭，你會

《多馬福音》與《多馬行傳》

發現我就在那裡。」

註：在《新約聖經》中，耶穌多次把自己比喻為光，見《約翰福音》1:1-9 及 8:12。在《啟示錄》22:13 中，耶穌更宣示，祂是萬事萬物的開始和終結。在這裡耶穌指出祂無形相的力量遍在一切，故此無論是劈開一塊木頭或翻起一塊石頭，神的力量也在其中。

七十八、耶穌說：「你們為什麼來到田野？來看風中搖曳的蘆葦嗎？還是來看身穿綢緞的國王和貴族？他們身穿綢緞，但他們不能明白真理。」

註：耶穌在《新約聖經》中也有相似的話，見《馬太福音》11:7-8 和《路加福音》7:24-25。耶穌指出那些只重視世俗物質財富與權力的人，他們不明白真理，因為真理不在這些地方。

七十九、有一個婦人在人群中對耶穌說：「那位以胎懷你，以乳餵你的婦人有福了。」耶穌對她說：「那些聽了天父的話，真正持守的人有福了。因為有一天你們會說：『那些沒有懷胎的，沒有餵乳的有福了。』」

註：耶穌在《新約聖經》中也有相似的話，見《路加福音》11:27-28 及 23:29。耶穌指出真正使人幸福的，是內在與上主同在的精神境界，而不是外在的種種變幻。

八十、耶穌說：「誰若認識這世界，便是找到了身體。誰若找到了身體，對他來說，世界不值得什麼。」

註：耶穌在此處所說的話，與第五十六節所說的話相同，耶穌說出人們生下來應看重自己內在的靈性價值多於這個世界。耶穌在《多馬福音》多處說出相似的話，人應以自己的肉身去認識上主，敬拜上主，而不是依戀這世界的物欲享受。

八十一、耶穌說：「且讓那些富有的人從道而治，且讓那些有權力的人捨棄他們的權力。」

註：「道」就是真理，就是正確的法則，耶穌在這裡希望有能力者能以真理管治世界，並且希望有權力的人不要眷戀權力，蓋古往今來，當權者若戀棧權力，必然會帶來政治的黑暗與敗壞。耶穌的其中一個重要教導，就是教導人們要捨棄，捨棄世俗的網羅，達到靈魂的真正自由。

八十二、耶穌說：「接近我的人，就是接近火，遠離我的人，就是遠離天國。」

註：耶穌把自己比喻為火，好像呼應古波斯瑣羅亞斯德教崇拜聖火的信仰，聖火代表真理、光明與至善的力量。

八十三、耶穌說：「形象人人可見，但它裡面的光，卻以天父光的形象隱藏起來。天父會顯現出來，但祂的形象卻被祂的光所隱藏。」

註：耶穌在這裡的說話，極其奧秘，難以理解，大約的意思是天父的光是光中有光，人們只看到外在的光，看不到內在的光。筆者翻看有關伊斯蘭教神秘主義的研究，發現著名伊斯蘭教蘇非派學者伊本·阿拉比 (Muhyi al-Dinibn Arabi, 1165-1240) 對有關真主的論述，竟與耶穌在這裡的說話十分相似。伊本·阿拉比認為在創造的過程中，真隱物顯，真主的

影子被萬有的影子遮住。即使如此，真主仍能自我認知，萬物卻不能認知真主，正如伊本·阿拉比在詩行中所表述：「我（真主）總是被身邊的陰影遮蔽，我能看到我自己，它（萬物）卻無能為力。要問我的位置，它不知道我在哪裡。」（見《蘇非之道——伊斯蘭教神秘主義研究》，中國社會科學院，2012年。）

八十四、耶穌說：「當你們看見像你們那樣的，你們便歡喜。但當你們看見在你們存在以前的形象，它不會死亡，肉眼也不能看見，你們能承受多少？」

註：耶穌在此處說人們要發現真我，這真我就是我們內在永恆的靈，它不會死亡，但不能靠肉眼看見它。

八十五、耶穌說：「亞當從偉大的能力和巨大的財富而來，但他來到世間對你們並不值得。如果他是值得的，他就不會嚐到死亡。」

註：亞當是《舊約聖經》的《創世記》中所記載人類的始祖，本應與妻子夏娃在樂園中過著幸福快樂的生活，但後來卻被上帝趕出樂園，到人間嚐盡生老病死，如同我們每個人一樣。

八十六、耶穌說：「狐狸有洞，飛鳥有巢，人子卻沒有枕他的頭並讓他躺下來休息的地方。」

註：耶穌在《新約聖經》中也有相似的話，見《馬太福音》8:20 和《路加福音》9:58。毫無疑問，耶穌是一個沒有任何世俗欲望，過著清貧生活的修道之人。在印度教、佛教和伊斯蘭教蘇非派也有這樣放棄世俗物質渴求的修道之人，基督教卻沒有注意這一點。

八十七、耶穌說：「一個身體依賴另一個身體是多麼可憐，依賴此二者的靈魂也是多麼可憐。」

註：耶穌好像說只為某人而活著的人是多麼可憐，因為身體會朽壞，也必然會死亡。

八十八、耶穌說：「天使和先知們會來到，給你那屬於你的。而你要給他們你所有的，然後問自己：『他們何時來取那屬於他們的？』」

註：這裡好像指人與先知、聖人及天使的屬靈溝通，這屬於所有宗教中的隱秘知識，一般人難以知道，也因此而否定。筆者後來思索耶穌這段話：「天使和先知們會來到」，這正好指出歷世以來，在不同地域裡，永恆獨一的主宰差派了眾多的使者去教化世人，傳達真理，在《古蘭經》中，真主也是清楚地這樣說。在這段話裡，耶穌指出人們應嘗試了解和明白那些聖人的教導，並對那些聖人給予最大的尊敬，因為這是他們所應得的份兒。伊斯蘭教強調只崇拜永恆獨一的主宰，但這不等於對所有聖人及使者全部否定，他們不是偶像，而是真的曾活在人間，給予世人偉大的言行與教導，世人應對他們尊敬及景仰。

八十九、耶穌說：「為什麼你們只清洗杯子的外面？難道你們不知道那創造內在的，也是創造外在的那位？」

註：耶穌把杯子比喻為我們的身體，我們應注重內裡靈魂的潔淨而不是單重視身體外表。在印度教的經典中，也用了相似的比喻：人的身體就如瓶子，瓶子可以有不同的形狀與色彩，但所有瓶子內所隱藏的虛空卻是同一的，這就是我們永恆的靈。

《多馬福音》與《多馬行傳》

九十、耶穌說：「到我這裡來，因我的軛很輕省，我的駕御也很柔和，你會為自己找到平安。」

註：耶穌在《新約聖經》中也有相似的話，見《馬太福音》11:28-30。如果一個人的信仰使他感到輕省、柔和，並且得到內心的平安，這才是真實的信仰。

九十一、他們對耶穌說：「告訴我們你是誰，好讓我們能相信你。」耶穌對他們說：「你們查看天地的外貌，但你們不能認識站在你們面前的是誰，你們也不懂得如何查看現在此刻。」

九十二、耶穌說：「尋找，你便能尋見。以前，我沒有告訴你們問我的事情。現在我願意告訴你們，可是你們卻不去尋找。」

註：耶穌在第九十一節和第九十二節的說話十分相近，耶穌在《多馬福音》中，多次說出人們面對面也不認識祂，甚至不明白，也不懂得尋找真理，難怪耶穌的深入教導難以好好地保存下來，至今日很多地方已面目全非。

九十三、「不要把聖物給那些狗，否則牠們會將它拋向糞堆。不要將珍珠交給那些豬，以免那些珍珠被糟蹋。」

註：耶穌在《新約聖經》中也有相似的話，見《馬太福音》7:6。遺憾的是，耶穌身處的時空，正面對不少狗和豬，以致於祂的教導沒有多少人能明白，猶太教的當權者也成功地煽動群眾把耶穌迫害。

九十四、耶穌說：「那些尋找的將會尋見，敲門的，門將會開。」

註：耶穌在《新約聖經》中也有相似的話，見《馬太福音》7:7-8 和《路加福音》11:9-10。這是耶穌向人們作的承諾，那些真心追求真理的人，即使遇到困難和錯誤，上主必定讓他最終獲得真理。古往今來有不少聖者（即得道之人），這就是明證。

九十五、耶穌說：「如果你有錢，不要借出生利。相反，你要將錢送給不會將錢還給你的人。」

註：耶穌在《新約聖經》中也有相似的話，見《馬太福音》5:42 和《路加福音》6:34。布施是一項重要的美德，在印度教的經典中，指出在黑暗的時代，人們最大的美德就是布施，這也是人們生下來要學習的功課。伊斯蘭教先知穆罕默德更把布施的涵義進一步解說，他說：「向別人微笑是一種布施。」穆罕默德從不大笑，但對每一個人，不論身份如何高貴或如何卑微，他都展示親切的微笑。穆罕默德也曾說過：「善言是一種布施。」意思是向別人說出溫柔的說話，表達問候與關懷，這是一種非物質的布施。認識先知穆罕默德生平的學者及大文豪，他們均認為穆罕默德只會是耶穌的朋友，不可能是敵人。

九十六、耶穌說：「天父的國就像一個婦人，她將一點點的酵母放在麵團裡，之後發起成為一團團的大麵包，凡有耳的都應該聽。」

註：耶穌在《新約聖經》中也有相似的話，見《馬太福音》13:33 和《路加福音》13:20-21。耶穌在《多馬福音》(3) 中指出天國在我們之內，也在我們之外。天父的國在我們之內就好像一點點看不起眼的酵母，但它卻是使麵團發酵成巨大麵包的重要材料，同樣人內在的真我若能被發現，

《多馬福音》與《多馬行傳》

它可使一個人的精神變得豐富、強大。

九十七、耶穌說：「天父的國就像一個婦人，她用盛器載著膳食走遠路，路上盛器的手柄破了，食物瀉了一地。可是婦人不知道，她察覺不出什麼問題。回到房子以後，她把盛器打開，發現裡面竟是空的。」

註：耶穌說了多個有關天國的比喻，天父的國在外通常是指敬拜上主的教會，在內就是我們的真我。在這裡，我們可以猜想盛器內所載著的膳食就是真理，就是有關天國的知識，但教會在漫長歷史的發展過程中，真正的知識不斷溜走，或被拒絕認識和接受，現存的四福音有關耶穌的言行極其匱乏，使徒的書信所表達的靈性水平與耶穌比較簡直是望塵莫及，現今基督教內信徒所堅信的只是空空如也的教條思想，對心靈的釋放沒有什麼大幫助。在我們內裡，若我們忽視永恆的上主，愛這個物質世界以及教條主義的信仰比愛真、善、美的上主更甚，人的良知、善性也等同於真理，會在人們心裡慢慢溜走。無論在內在外，真理如食物般放在破漏的盛器內不斷溜走，到人們發現的時候，就是盛器被打開的時候，這可能是指每個人的終結，那發現實在是太遲了。

九十八、耶穌說：「天父的國就像一個人，他要將一個孔武有力的人置諸死地。他先要在家試劍，看看他的手能否把劍刺入牆壁，然後才去殺掉那個孔武有力的人。」

註：孔武有力者可以理解為每個人內心的邪惡，或社會上的邪惡力量，我們要把它殺掉，從這裡可看到耶穌不主張人們滿腔熱血，衝動行事，而是冷靜部署，量力而為。

九十九、跟隨者對耶穌說：「你的兄弟和母親正在外面站著等候。」耶

《多馬福音》與《多馬行傳》

穌對他們說:「那些遵從我父親意旨的人,就是我的兄弟和母親,他們會進入我父親的國。」

註:耶穌在《新約聖經》中也有相似的話,見《馬太福音》12:46-50、《馬可福音》3:20-22 及 31-35 和《路加福音》8:19-21。耶穌指出,真實的靈性關係比世俗短暫一生的親屬關係更重要及長久。

一百、他們拿出一個金幣給耶穌看,然後對他說:「凱撒的人要我們交稅。」耶穌對他們說:「將屬於凱撒的,還給凱撒;將屬於神的,還給神;將屬於我的,還給我。」

註:當時的猶太人被羅馬統治,他們須要向羅馬皇帝凱撒交稅。猶太人一直希望能夠復國,當中不少人也希望耶穌到來是要帶領猶太人脫離羅馬政府的統治,重新建立猶太國。耶穌的說話表明祂的國度是在天上,而非地上,祂要提升人們的靈性水平去認識上主,真正的國度是精神的國度,而非地上的物質的國度。羅馬政府沒有理由去迫害耶穌,至死方休。而那些猶太人的宗教掌權者本著護教名義殺害忠良,設法煽動群眾把耶穌迫害,至死還不罷休,猶太人的心態很難令人想像。

在《新約聖經》中也記載了耶穌相似的說話,見《馬太福音》22:15-22、《馬可福音》12:13-17,和《路加福音》20:20-26。但在這裡,耶穌還說「將屬於我的,還給我」,可見耶穌在天國裡地位的特殊,非一般神的使者。雖然在伊斯蘭教中,信徒們相信,耶穌與所有神的使者沒有分別,但若我們把耶穌與《聖經》和《古蘭經》所有神的使者作比較,明顯看到沒有一個先知像耶穌一樣,不但行了眾多神蹟奇事,且說話十分神聖奧秘,完全不像傳話人,而是從自己口中直接發出真理。

傳統基督教神學思想認為耶穌是上帝的獨生子,故此把上帝變為具備聖父、聖子、聖靈——三位一體的神,但也有一些神學思想認為,在

《多馬福音》與《多馬行傳》

《聖經》中明明指出上帝有眾多兒子，即眾天使及使者，耶穌應是地位最高的首生子，而非獨生子。在印度教的信仰中，永恆獨一主宰的首生子是格涅沙 (Ganesha)，祂被供奉成為眾仙之主 (Ganapati)，亦即這位首生子是統領所有天使的神明。印度教的神明格涅沙與基督教的耶穌在性質上十分相似。耶穌應是上主的首生子，即眾天使之首，這更符合真理，因為上主除耶穌外還有眾多天使及使者為祂工作，耶穌只能夠被視為眾天使與使者之首，耶穌雖稱上主為父，但祂同樣說出世人均是天父的兒女，所有稱謂都只是一種比喻的關係。

先知穆罕默德提出一點非常有見地，他教導穆斯林不要思考太多關於真主的概念，應多思考真主的祝福和照顧，多多感謝，並頌讚真主。在《古蘭經》中，真主指出人類大多都是忘恩負義者，他們很少向獨一的主宰作出感謝，彷彿大自然的一切生成與變化，背後並沒有任何主宰使然，真主這樣反覆地向世人責問：「你們究竟否認你們的主的那一件恩典呢？」（《古蘭經》55章〈至仁主〉）

一百零一、「誰若不像我般少愛他的父親和母親，便不能成為我的跟隨者。誰若不能像我般愛父親和母親，便不能成為我的跟隨者，因為我的母親已經生我出來，但我真正的母親給我生命。」

註：耶穌第一句說話「少愛」他的父母，是指跟隨耶穌的人要愛神及真理比愛地上的父母更甚，第二句所指的父母就是我們每個人在天上的父母。根據四福音書記載，耶穌是從聖靈感孕而生，瑪利亞是以處女貞潔之身把耶穌生下來，故此耶穌真正的母親就是聖靈，有關「聖靈」就是「母親」的觀點，婁世鐘教授在他的著作《耶穌靈道論語——多瑪斯福音》中這樣說：「『聖靈』在閃族語系中是陰性的名詞，稱『聖靈』為『媽』雖然不是基督教會的傳統，但在古文件裡，教父引用的《希伯來人福音》中，卻是由耶穌所說。如果稱『天主』為『爸』，那麼稱『聖

《多馬福音》與《多馬行傳》

靈』為『媽』是一種親密靈性關係的稱呼，應該是十分合適的。在公元三百年間 (325AD, 381AD) 定案的基督宗教基本信道，或稱為信經 (Nicene-Constantinopolitan Creed) 中也說：『聖靈是賦予生命者』。」

一百零二、耶穌說：「那些法利賽人真令人苦惱！他們就好像狗隻睡在牛欄裡，牠們自己不吃，也不讓牛隻吃。」

註：耶穌在《新約聖經》中對法利賽人的指責也有相似的地方，見《馬太福音》23:13。法利賽人只知敬拜上主，但內心不明白真理，不能接受耶穌的教導，他們以護教的名義迫害耶穌，不讓別人認識耶穌的教導。

一百零三、耶穌說：「那些知道盜賊何時進來的人有福了，因為他會起來，守護田地，在盜賊進來以前武裝自己。」

註：耶穌在《新約聖經》中也有相似的話，見《路加福音》12:37-40。這裡耶穌提醒人們要時刻警覺，防備世俗的邪惡與誘惑。

一百零四、他們對耶穌說：「來吧！讓我們今天禱告，讓我們今天禁食。」耶穌回答說：「我犯了什麼罪？我有什麼事沒有做好？當新郎離開了筵席，那時才讓人禁食和禱告吧！」

註：在《新約聖經》中，耶穌也有相似的話，見《馬太福音》9:14-17、《馬可福音》2:16-22 和《路加福音》2:31-39。上主的使者來到人間，人應該歡喜快樂，歌頌上主，故沒有禁食的需要。當使者離開人間，人們失意苦惱的時候，才要禁食，反思己過。

一百零五、耶穌說：「誰若是認識父親和母親，便會被人稱為娼妓的孩

《多馬福音》與《多馬行傳》

子。」

註：父親和母親就是指天上的父母，耶穌把猶太人信奉的上帝稱為天父已經為當時猶太教宗教權威人士所不能容忍，而這位全能的神，還有女性的形相，在當時，女性的地位極低，只能與罪人相提並論，若全能的主宰被稱為每個人靈性的父母，還不會被人臭罵「狗娘養」？故此把上帝看作是父母的觀點，肯定被當時大多數人所不接受，但在一些沒有被列入《新約聖經》的資料中，確真有此思想，例如在《約翰奧秘書》(The Secret Book of John) II. 9:5-8 中記載：

「這人說：『我光榮讚頌這不可見的聖靈，因著祢萬物來到世間，並將回歸於祢，並且我讚頌祢和與永恆並存的這自生者，就是那三位——神聖之父、神聖之母和神聖之子——這完美的大能。』」

此外，在《十二聖徒福音》64:6-7 中記載：

「實實在在的，以羅欣 (Elohim) 創造了人——男子與女子——在這神聖的肖像之中，以及所有自然事物在天主的影像中。所以天主是兼具陽性與陰性，不分的二元合一，是不可分而永恆；經由祂，在祂之內是所有可見與不可見的萬事萬物。」

「以羅欣」就是《舊約聖經》的《創世紀》中創造天地的主宰的名稱，在《舊約聖經》原文中神有不同的名字，只是基督教的《聖經》把上帝的名字統稱為「耶和華」，英文版的《聖經》卻統稱為 Lord，天主教的《聖經》則統稱為「上主」。而「以羅欣」是一個眾數名詞，包括了一陽一陰，這與中國《易經》對宇宙生成的觀點相吻合，而印度教的思想也認為宇宙獨一的主宰是包含了陰陽的力量。

已故印度聖人錫呂・瑪塔吉・涅瑪娜・德維 (Shri Mataji Nirmala Devi, 1923-2011) 曾說基督教所指的三位一體的神，為何有父親，有兒子，而沒有母親，三位一體中的聖靈就是母親，而且聖靈是以涼風的形態顯現給聖徒。錫呂・瑪塔吉女士的看法與學者考據得來的資料相吻合，希伯來

文的「靈」(ruakh) 屬陰性的字眼，具有吹氣和風的意思。在《創世紀》(2:7) 中，上主創造人的時候，吹了一口氣在亞當的臉上；耶穌復活之後向門徒們也吹了一口氣，並說：「你們領受聖靈吧！」（見《約翰福音》20:22）在景教傳入中國的文獻中，古人把「聖靈」音譯為「盧訶」(ruakh)，意譯為「涼風」或「淨風」，是有根有據的翻譯，完全不是異端邪說那回事。

景教即西方基督教中的一支異端，又稱聶斯脫里派 (Nestorianism)。聶斯脫里派因創始人聶斯托里 (Nestorius) 而得名，他原為公元 5 世紀 (428-431) 君士坦丁堡的一位大主教。他的神學思想強調基督人性的完整，堅持耶穌基督同時具備完全的神性與完全的人性。聶斯托里食素，不崇拜偶像，不承認瑪利亞為天主之母，也不承認羅馬教派所謂死後贖罪說。後來在以弗所大公會議上，聶斯托里被裁決為異端，竟被革除教籍，流放而死。他的廣大支持者，也被迫離開大公教會，往東方發展。我們可以想像，所謂異端，只是一時一地想法的差異，以及政治權力的角力鬥爭。當年羅馬教廷的神學思想和種種教條，在今日看來，更像異端。

一百零六、耶穌說：「如果你們二變為一，你們便會成為人子，那時你們說：『山啊！從這裡移動。』那山也會移動。」

註：耶穌這裡所說的「二變為一」就是與神合一同在的意思，即中國文化所指的「天人合一」，或印度文化所指的「梵我合一」。這是人們可以達到的最高境界，亦即再也沒有神我之分，正如印度吠檀多不二論哲學 (Vedanta philosophy) 所指，永恆的大梵 (Brahma) 與每個人的小我本屬一體，即梵文所說：tat tvam asi，英語就是：You are that，中文就是「汝即那」，即「你就是梵」。只要人們能認清這個事實，即能解脫人生種種的痛苦，因為世間種種痛苦與享樂都不屬於梵，這樣即能達到佛教所指的涅槃境界。佛教的「涅槃」，即印度教所指 Moksha，即「解脫」的

意思。印度吠檀多不二論哲學認為只要我們能認清我們真我的事實，即使帶著肉身，也能達到涅槃解脫的境界，不用等到死後才獲得解脫。筆者認為耶穌教導的深層意思，以印度宗教文化對人類靈性極其深入的探索，最能清楚地表達出來。

耶穌第二句說「你們便會成為人子」，在四福音書中耶穌常常自稱為「人子」，意思是達到與神合一的人便可像祂一樣，沒有神我之分，即使叫山脈移動也可以。

一百零七、耶穌說：「天父的國就像一個牧羊人，他有一百隻羊，其中一隻最大的走失了。他拋下九十九隻羊，去找尋那隻走失的，直至找到為止。經過這一番波折以後，他對那隻羊說：『我愛你，比愛那九十九隻更甚。』」

註：有關耶穌相似的比喻在四福音書中也有記載，見《馬太福音》18:12-14 和《路加福音》15:3-7。人們一般以為人要尋找上主，但其實往往是上主藉著眾先知、使者及聖人的教導去尋找失喪的靈魂，上主的主動性比人類更甚。

一百零八、耶穌說：「誰若從我口去喝的，將會像我一般。我自己將會與那人在一起，所有隱秘的事都會向那人顯露。」

註：這裡耶穌指出，完全明白、體驗耶穌教導的人，便能達到「神我合一」的境界，耶穌本人就是「神我合一」的示現。

一百零九、耶穌說：「天父的國就像一個人的田裡有寶藏，但他卻不知道。那人死時，將地傳給兒子。兒子不知道那寶藏，他繼承了那塊地，然後將地賣出。買主到地裡翻土，找到了寶藏，跟著他利用這寶藏向誰

放貸收息都可以。」

註：耶穌的教導內裡充滿靈性的寶藏，那些不聞不問的人，即使掛個名是基督徒，也得不到此寶藏。只有那些真正得到耶穌靈性寶藏的人，對今生和永恆的生命，才會得到裨益。

一百一十、耶穌說：「那些找到了這世界，並變得富有的人，應捨棄這個世界。」

一百一十一、耶穌說：「天與地將會在你面前捲起，誰若在有生命者之中生活，便不會看見死亡。」耶穌不是這樣說嗎：「誰若找到了自己，世界對他來說，不值得什麼。」

註：耶穌除了在上述第一百一十節與第一百一十一節的說話外，在《多馬福音》中，耶穌多次說明人們應看重永恆的生命多於這個過眼雲煙的世界。

一百一十二、耶穌說：「依賴靈魂的肉體有禍了！依賴肉體的靈魂有禍了！」

註：我們的肉體和靈魂都不是我們的真我，我們的真我是永恆的靈，或稱為「梵」，或有不同的稱謂，但都是指我們內在永恆神聖的所在。沒有發現真我的人，無論是看重身體，還是短暫、變化不定的思想情感，只是現世過眼雲煙的生活，對他沒有什麼永恆的價值。

一百一十三、跟隨者問耶穌：「天父的國何時到來？」「觀看守望，天父的國是不會來的。不會有人說：『看！天父的國在這裡。』或『看！

《多馬福音》與《多馬行傳》

天父的國在那裡。』相反，天父的國散佈在地上，而人們卻看不見。」

註：在《新約聖經》中，耶穌也有相似的說話，見《路加福音》17:20-21。從這裡可知道天國就在人間，但不是用肉眼去看見，而是要心領神會。

一百一十四、西門彼得對他們說：「瑪利亞應離開我們，因為女子不配那生命。」耶穌說：「看，我會引導她，使她變成男子，好使她像你們男子一樣成為有生命的靈。因為每一個使自己成為男子的女子，都會進入上帝的國。」

註：在這裡可看到耶穌其中一個門徒西門彼得，對耶穌的跟隨者抹大拉瑪利亞的非議，究其原因是傳統社會，女性的地位極卑微，基本上不被看待為完整的人。在耶穌時代的宗教理論中，已否定女性具有靈性的生命。在猶太傳統宗教、早期希臘哲學、羅馬文化，以及教廷神學家奧古斯丁，都不承認女子具有與男子相同的天賦人靈。在公元 787 年，在法國南庭的議會 (Council of Nantes)，更宣告女子是「沒有靈魂之獸」。這是男性主導的社會控制女性的手段，因為這樣女性才甘願生下來即被男性所控制和奴役，女性是「次等人」的思想在現代社會才有所改變。

　　在四福音書中，只有《約翰福音》提到了抹大拉瑪利亞與耶穌的交往，抹大拉瑪利亞雖不被列入十二門徒之內，但其實抹大拉瑪利亞是一個重要的跟隨者，可以稱得上是耶穌的女門徒，不過其餘的福音書都沒有提到她的名字，只以「有一個女人」去表示罷了。耶穌在這裡的說話既沒有和傳統的思想直接發生衝突，但同時肯定女性與男性一樣可以擁有永恆的生命，可進入上帝的國，只要女性令到自己配得上帝的恩賜。

卷末：根據多馬的好消息

《多馬福音》與《多馬行傳》

《多馬福音》與《多馬行傳》

《多馬行傳》

《多馬福音》與《多馬行傳》

耶穌畫像

《多馬福音》與《多馬行傳》

第一章：多馬與商人艾伯利到印度去

一、那時，所有門徒都在耶路撒冷，他們包括西門彼得和他的兄弟安德烈、西庇太的兒子雅各和他的兄弟約翰、腓力和巴多羅買、多馬和公民馬太、亞勒腓的兒子雅各和迦南人西門，還有雅各的兄弟猶大。他們將世界劃分為若干個區域，然後各人到上主要派他去的地方。

根據抽籤的結果，雙生子猶大多馬要往印度去，可是多馬不願意，他說他的身體太弱，不宜遠行，又說他是希伯來人，怎麼能夠到印度人中間教導真理。當天，耶穌在晚上向他顯現，並向他說：「多馬，不要害怕，你且到印度去傳道，因我的恩典與你同在。」可是多馬不服從，並說：「如果你要差派我，請差派我往別處，因我不願意往印度去。」

二、那時，剛巧有一個從印度來的商人叫艾伯利，他奉根達法魯斯王之命而來，且奉命帶一個木匠回去。

耶穌看見艾伯利中午時分在市集走動，便向他說：「你是否要買一個木匠？」艾伯利說：「是。」耶穌向他說：「我有個做木匠的僕人，我想將他賣出。」說時還指著站在遠處的多馬，然後同意以二十塊銀幣成交，還簽了一張買賣契約說：「我，木匠約瑟之子耶穌，將我的僕人猶大賣予印度根達法魯斯王的商人艾伯利。」交易完成後，耶穌將猶大多馬交給商人艾伯利。艾伯利看見多馬便向他問道：「這位是你的主人嗎？」使徒說：「是，他是我的主。」艾伯利說：「我已從他手中買了你。」使徒保持著他的沉默。

三、跟著那天，使徒一早便起床，在禱告向上主懇求之後，他說：「我會依祢的旨意到那裡去，我主耶穌，願祢的旨意能被奉行。」於是他便離開，到商人艾伯利那裡去，除了他的賣身錢以外什麼也不帶，因為主將賣身錢給了他，並說：「讓這些錢和我的恩典與你在一起，無論你到

哪裡去。」

　　使徒找到艾伯利，他正要帶著行李上船，於是多馬便幫忙將行李搬到船上去。他們上船坐下後，艾伯利問使徒道：「你懂得什麼工藝？」使徒說：「木工我能造出犁、牛軛和牛刺棒，還有木船和船槳，船桅和滑輪，石工我能造神殿的柱和國王的宮殿。」艾伯利對他說：「很好，我們正需要這樣的匠人。」他們沿海路回去，一路上順風，很快便回到王城安德城。

四、他們離船進入王城時，聽見笛聲和風琴聲，號角在他們周圍響起。使徒於是問道：「今天城中是什麼節日？」那裡的人告訴他說：「你也是神帶來此城分享歡樂的，我們的國王只有一個女兒，今天她要下嫁丈夫，因此舉國歡騰，今天的婚禮就好像節日一樣。國王派傳令官到處宣佈，所有人，無論貧富，自由或不自由，是本地人還是外來人，都要參加這個婚宴。如果有誰拒絕不來參加婚宴，便要到國王面前回話。」艾伯利聽了便向使徒說：「讓我們也去吧！否則會得罪國王，而且讓他知道我們是外邦人。」使徒說：「讓我們去吧！」

　　他們住上了客棧，並休息了一會兒，之後便到婚禮去。使徒看見眾人都坐下，於是他也坐下了。他坐在眾人中間，所有人都望著他，好像他是來自外地的人。而使徒的主人，商人艾伯利卻為自己找到另一個地方坐下。

五、眾人吃喝的時候，使徒一點東西也沒有嘗試，於是有些人來到他的面前，問道：「你是從哪裡來的，既不吃也不喝？」使徒回答說：「我來這裡是為比飲食更大的事情，是為了滿足國王的旨意，因傳令官曾宣佈國王的命令，那些不聽命令的會受到國王的懲處。」

　　當飽食酒酣之際，眾人帶來花和膏油，每個人都拿一點膏油，有的塗在臉上，有的塗在鬍子上，有的塗在身體其他地方，使徒卻將膏油塗

在頭頂上，還沾了一些在鼻孔裡，一些滴入耳朵和沾在牙齒上，同時還小心地塗一些在心臟附近。眾人又拿用鬱金香和各種花朵編成的花環給他，他拿了，戴在頭上，還取了一束菖蒲拿在手上。

有個吹笛的女子，手裡拿著笛子走到他們那裡演奏。她走到使徒面前，站在那兒，在使徒頭上吹奏了很長的時間。這個吹笛的女子原來是個希伯來裔的人。

六、使徒老是把頭望向地下，有個傳酒的人伸手打了使徒一下，使徒抬起頭看著打他的人說：「我的神會在來世寬恕你的不義，但會在此世顯示祂的大能，現在這隻打過我的手會被狗咬掉。」說完之後，他開始唱出以下的歌：

「閨女是光明的女兒，滿載國王的光耀，看見她便感歡欣，她閃耀著美麗與歡樂。她外衣如春天的花朵，飄蕩生香。她頭上是國王的寶座，如有甘露。她的頭安放真理，她的腳表現喜樂。張開嘴巴，她便變成一口井，三十二顆牙齒向她齊聲讚頌。她的舌頭像門上的門簾，為進入的人搖擺。她的頸項像創造主所造的步伐。她的居室充滿光芒，還有鳳仙花和各種香料的香氣，散發出沒藥和印度葉的甜香，地上放滿姚金娘和各種各樣的香花，門柱以鮮花為裝飾。新郎的伴郎圍繞著她，他們的數目有七，都是她自己揀選的。她的伴娘也有七個，都在她面前跳舞。服侍她、聽從她的有十二個，她們都想看見新郎，只要看他一眼就會得到啟發，而且永遠在永恆的喜樂當中。他們參加王子都聚在一起的婚禮，以及出席永恆者認為值得的筵席。他們會穿上王族的衣服和鮮明的長袍，他們在無邊的喜樂當中，並榮耀一切的天父。他們接受了天父的榮光，只被上主看了一眼便被照亮；他們接受了不朽的食物，沒有缺少；他們喝了那葡萄酒，不再口渴，也不再有欲望。他們榮耀讚美活生生的靈，真理之父和智慧之母。」

七、多馬唱完這首歌,在場的人都凝望著他。使徒安靜下來,他們看見他的形像改變,但他們聽不懂他的話,因為他是希伯來人,說的是希伯來語。只有那個吹笛的女孩聽得明白,因她是屬希伯來血統的。她離開使徒為其他人演奏,但大部份時間,她仍然注視著使徒,一來這個人和她是同鄉,二來他比在場的人都好看。當吹笛女孩向眾人表演完畢後,她坐在使徒前面,鄭重地注視著他,但使徒什麼也不看,什麼也不聽,只顧望著地下,等待他可以離開的時候。

八、那個打過使徒的傳酒人到井邊打水,剛巧有一頭獅子在那裡,獅子把他咬死,還把他的四肢撕碎。附近的狗都來咬他的殘骸,其中一隻黑狗咬著他的右手帶到宴會那裡去。

九、眾人看見這隻手都很驚奇,連忙問是誰丟失的。有人說是打過使徒的傳酒人,吹笛的女孩停止了笛聲,把笛子放在一旁,並坐在使徒的腳前,說:「這人一定是神或者是神的使徒,因我聽見他用希伯來語說:『我會看見這隻打我的手被狗咬走』,這便是你們現在看見的。他所說的,都發生了。」在場有些人相信她,有些卻不相信。

　　國王聽到這話,走來對使徒說:「起來跟隨我,為我的女兒祝福,因她是我至愛的,今天正是我為她出嫁的日子。」但使徒不肯跟他去,因為神沒有在那個地方向他顯現。可是國王不管使徒願意與否,硬拉著他到新房去,好讓他能為新娘新郎祝福。

十、使徒站在新房,開始這樣禱告:「我的主,我的神,祢與祢僕人同行,引導和改正那些相信祢的人,祢讓受壓迫的人得到庇護和安息,祢給窮苦的人希望,祢使被擄的人得贖,祢是患疾的人靈魂的醫師,祢是一切的救主,祢給世界以生命,並使靈魂強壯,祢知道未來一切事,並用我們的方法成就。你們的主揭示隱藏的奧秘,並宣講秘密的道。你們

的主是美樹的種植者，祂的手造就一切美好的工作。你們的主在所有事物之內，貫穿所有事物，祂給你們預備工作，並顯現在這些工作之中。耶穌基督，祢是熱愛完美的上主的兒子。耶穌基督，是活生生的神的兒子，是驅趕敵人的無畏力量。祢的聲音連統治者也要聽，並能使他們的權力震動。祢是上天派下來的大使，甚至到地獄去，打開大門，把那些長年關在黑暗的人帶上來，向他們顯示升進的道路。耶穌基督啊！我頌讚祢，並獻上這對年輕人的懇求，願祢能幫助他們，讓他們得益。」跟著，使徒將手放在他們頭上，並說：「願神與你們同在。」然後離開了他們。

十一、國王讓伴郎們先離開新房，待他們離去後，把門關上。新郎拉開門簾，走進新房找新娘，但他看見耶穌基督以猶大多馬的形像向新娘說話。使徒不是祝福完他們以後便離開了嗎？他於是向祂說：「你不是在眾人面前離開了嗎？為什麼還在這裡？」耶穌對他說：「我不是猶大多馬，我是他的兄弟。」耶穌坐在床邊，讓他們兩個坐在椅子上，開始向他們說：「孩子啊！要記著我的兄弟向你們說的話，以及他給你們的祝福。要知道，如果一個人能避免污穢的交媾，你們便變成聖殿，變得純潔，免除衝動和痛苦，無論是看見或看不見的。這樣你們便不用擔心生活或子女，那些都只是走向毀滅。如果你們有許多子女，為了他們的緣故，你們會變得貪心，剝削那些孤兒寡婦。這樣做時，你們會為自己帶來可怕的懲罰。大部份的兒童都因邪魔的迫害而變得無用，有些是顯明的，有些看不見，他們不是變得瘋瘋癲癲，便是形容枯槁，不是盲的、聾的，便是啞的、癱瘓的，或是愚不可及。如果他們是健康的，則他們也變得無用，做著無用或可憎的事，他們不是姦淫便是謀殺，不是偷盜便是通姦，所有這些都使他們痛苦。」

十二、「如果你在神面前保持靈魂純潔，有生命的子女便會來到你們那

裡，這些褻瀆的事都不會碰到他們。你們不用擔心，沒有苦惱焦慮，過著平靜的生活。你們應期待不可朽壞的真正的婚姻，這樣你們便能進入不朽和充滿光明的新房。」

十三、這對年輕人聽了這番話後，他們便相信了主，將他們交託給祂。他們避免污穢的欲望，就這樣在那裡過了一晚。主離開了他們，並說：「願神的恩典與你們同在。」

　　早晨來臨，國王來看他們，他預備好一張桌子，放在新娘面前。他看見新郎新娘面對面坐著，新娘的面紗還未揭開來，新郎卻異常快樂。新娘的母親來到新娘面前，說：「女兒啊！妳不覺得羞恥嗎？妳還要和丈夫過一段很長的日子。」新娘的父親說：「是不是妳太愛妳的丈夫，以致頭紗也沒有揭下？」

十四、新娘回答說：「父親啊！我確實在大愛之中，我且向上主禱告，願我能堅守我今夜所得的愛，我會問我今天才認識的丈夫，讓我不再戴上面紗，因羞恥的面紗已離開了我，因我不再羞恥侷促，因羞恥與混濁的事情已離開了我。我不再感到困惑，也不再感到驚異。我在歡欣喜樂當中，因我喜樂的日子不被打擾。我將丈夫和在眼前逝去的婚姻視如無物，因我已結上了另一段婚姻。我不會和這短暫的丈夫交媾，那只會帶來淫蕩和靈魂的痛苦，因我已繫於真正的丈夫之上。」

十五、新娘說完這話，新郎回答說：「主啊！我感謝祢，祢由那外邦人所宣稱，卻在我們裡面找到。祢讓我遠離腐敗，把生命種在我之中，治好我難治的永遠纏身的病，讓我得到健康。祢向我顯現，且讓我知道自己的處境，救贖我以免下墮，讓我變得更好。祢讓我脫離那些短暫的事物，讓我得到不朽和永恆。祢紆尊降貴來看我，不顧我的渺小。祢讓我看見祢的偉大，並讓我與祢聯合。祢沒有收起祢的肚腹讓我朽壞，讓我

知道如何尋找自己，並知道自己過去是誰，又知道現在是誰。我或會變回從前的我，那是我所不知道的，但祢將那個我所不知道的我帶出來，將我帶到祢那裡去。我知道了祢以後，便時刻不能忘記，因祢的愛在我裡面燃燒，以致我不能恰當地將它說出來。我所說的是多麼微小不足，配不上祢的榮耀，但祢不會因我說出我所不知道的而責備我，因為是祢的愛，我才說出這些話來。」

十六、國王聽完新娘和新郎這樣說，他撕破了自己的衣服，向站在身旁的人說：「快去找遍整座城市，把那個巫師帶來，他把惡運帶到這個城裡，虧我還親自帶他到這房間祝福我命薄的女兒。現在，有誰能將他帶來，要求什麼我也會應允。」那些人便去找尋使徒，可是找不到他，因為他已經出海去了。他們到他下榻的旅店找他，只見那個吹笛女孩在痛苦地哭泣，因為使徒沒有帶她離去。當眾人告訴她那對新人發生的事，她就變得開朗，拋了苦惱。她起來和他們回去，並與他們在一起一段日子。他們也教導國王，有許多弟兄都聚在一起，直至他們聽到使徒的消息。多馬到了印度的城邦傳道，於是眾人便離開去跟隨他。

第二章：使徒與根達法魯斯王

十七、使徒與商人艾伯利來到印度的城邦，艾伯利便去向根達法魯斯王致敬，並向他述說買來一個木匠的事。國王聽見後很歡喜，命令他帶那個木匠進來。國王看見使徒，向他問道：「你懂得什麼手藝？」使徒回答說：「我懂得木工和建造。」國王說：「木工你懂得什麼？石工你懂得什麼？」使徒說：「木工我懂得造犁、牛軛和牛刺棒，還有木船、船槳和船桅。石工我懂得造神殿和石柱，還有國王的宮殿。」國王問他：「你能為我建造一座宮殿嗎？」使徒說：「可以，我可以建造和粉飾這座宮殿，這是我來這裡的目的，就是要做木匠的工作。」

十八、國王把他帶到城門，一路上向他講述王宮的建築和地基，還指示宮殿如何安放。來到了將要興建王宮的地點時，國王說：「這裡便是我要興建宮殿的地方。」這個地方有許多樹木，且有積水。國王說：「現在就開始興建吧！」使徒回答：「在這個季節，我不能動工興建。」國王說：「那你什麼時候可以開始動手？」使徒說：「我會在十月開始動手，在十二個月後完成。」國王驚奇地說：「所有的建築都是在夏天興建。你能在冬天興建，並能完成一座宮殿嗎？」使徒說：「當然能夠，而且只能這樣做。」國王說：「這樣看來很好，給我畫一張藍圖，給我看工程是怎麼樣的，我要隔一段時間才回到這裡。」於是使徒拿一支蘆管開始畫起來，他先量度那地方，把門放在東方，向著光線，窗戶放在西方，迎接和風，廚房放在南方，水道放在北方。國王看了之後向使徒說：「你確實是個好匠人，當國王的奴僕實在太委屈了你。」於是國王留下許多錢，然後離開了他。

十九、此後國王經常給他和工人供應許多金錢、物品和食物，多馬統統收下，然後分給附近城鄉那些可憐和受痛苦的人，解除他們的厄困。使徒對他們說：「國王知道作為國王的報酬，但這一次窮困的人要得到救濟。」過了一段日子，國王派遣使者到使徒那裡去，並且寫信給他說：「請述明你所做過的工作，我會送來你之所需。」使徒回信說：「宮殿已差不多建好，還差上蓋未完成。」國王於是送來了許多金銀，並寫信道：「讓宮殿蓋上上蓋吧！」使徒向主祈禱說：「萬事萬物的主啊！我感謝祢，祢願意短暫進入死亡而使我可在祢之中永生。祢將我賣與別人而使許多人得以解救。」使徒不斷教導和救濟那些受苦的人，並向他們說：「這是上主給你們的，祂給每一個人食糧，因祂是孤兒的撫養人、寡婦的照顧者，對於所有受苦的人，祂是解脫和安息之處。」

《多馬福音》與《多馬行傳》

二十、國王來到城裡，向友人問及猶大多馬所建的宮殿。他們對他說：「多馬沒有興建什麼宮殿，也沒有做他應許的事，他只是到城鄉去，將他的所有救濟窮人，教導他們新的神，照顧那些病人，驅趕魔鬼，並做了許多奇異的事。我們都認為他是個巫師，可是他仁愛，他免費醫治，他的仁心和簡樸，還有他的信心，都顯示他是一個正直的人。他是他宣稱的那個神的使徒，他不斷禁食禱告，他只吃麵包和鹽，又只喝清水，無論冷暖他都穿同一件衣服，又從不拒絕任何人，他將他所有的都給了別人。」當國王聽見這些話時，他用手擦臉，並且不斷搖頭。

二十一、國王召見將多馬帶回來的商人，並傳召多馬，向他說：「你把我的宮殿建好了嗎？」使徒說：「建好了。」國王說：「我們什麼時候可以去看看。」但使徒回答說：「現在不能去看，要等你離開這世界以後，才可以去看。」國王十分震怒，馬上命人把商人和多馬綁起來，放入獄中，直至他查明蓋宮殿的錢往哪裡去了，然後才處死他們。使徒在獄中還是開開心心，他對商人說：「你不要害怕，只要相信我所教導的神，這樣你不但在這個世界得到解脫，在未來的世界，你會得到生命。」這時國王正考慮如何將他們處死，最後決定將他們活活的剝皮，並且燒死。當天晚上，國王的兄弟病倒了，因為被病魔所困，又聽見國王被騙的消息，感到很不開心。他喚國王來並向他說：「我的兄弟啊！我現在將我的家室和子女都交託給你，我為你受騙而難過，現在我要死了，如果你不對那巫師施以報復，那我的靈魂死在黃泉也得不到安息。」國王對他的兄弟說：「整個晚上我都在想如何將他處死，看來最好是剝他的皮，然後用火將他和那個帶他來的商人燒死。」國王的兄弟說：「如果有什麼更壞的，都拿來對付他吧！我現在讓你掌管我的房屋和子女。」

《多馬福音》與《多馬行傳》

二十二、他們說完這番話，國王的兄弟格亞特的靈魂便離開了。國王為格亞特的死很難過，因他十分愛他的兄弟，於是下令讓他穿上王族的衣服下葬。這時眾天使帶格亞特的靈魂到了天上，讓他看那裡建好的宮殿和住處，並問他說：「你要住在哪一處？」當他走近多馬為國王所興建的宮殿時，格亞特對眾天使說：「主啊！我懇求祢讓我住在它們之中最低的房間」。眾天使回答：「你不能住在這宮殿裡。」格亞特說：「為什麼？」眾天使說：「這座宮殿是基督門徒為你兄弟興建的。」格亞特於是說：「主啊！我懇求你，讓我回到我兄弟那裡去，讓我向他買下這座宮殿。我兄弟並不知道有這座宮殿，他會答應賣給我。」

二十三、眾天使讓格亞特的靈魂回去。當眾人為他穿上屍衣的時候，他的靈魂返回了身體，並向站在他身邊的人說：「快叫我的兄弟來，我有一事要向他請求。」眾人連忙告訴國王：「你的兄弟復生了。」國王帶同一大群人來到他兄弟那裡，進屋後，站在他的床前。國王感到十分驚異，無法向他說話。國王的兄弟說：「兄弟啊！我知道，如果我向你要求一半的王國，你也會給予。現在我懇求你為我做一件事，我請求你一定要賣給我所要求的。」國王回答說：「你要我賣什麼給你？」他說：「你先要發誓答應我的要求。」國王便發誓說：「只要是我所擁有的，無論你要什麼，我都會給你。」他說：「你會將你在天上的宮殿賣給我嗎？」國王回答說：「我何時在天上有座宮殿？」他說：「就是那個你鎖在獄中的基督徒為你興建的，就是耶穌將他賣出，商人將他帶到印度的那一個，就是那個因欺騙被你懲罰的希伯來奴僕所興建的。我受苦死去，但現在我復活了。」

二十四、國王想了一下，終於明白那永恆的好處，便說：「那座宮殿我不能賣給你，我會禱告，希望能住在裡面，並努力成為值得住在裡面的人。如果你想買一座這樣的宮殿，那人可給你蓋一座更好的。」於是國

《多馬福音》與《多馬行傳》

王命令把使徒和囚禁在一起的商人釋放出來，國王對使徒說：「我懇求你，我作為人的身份向神的使差懇求，願你能為我禱告，懇求主寬恕我對你所做和所想的，讓我能夠成為值得住在那宮殿裡的人。我沒有受一點苦，是你為我興建了宮殿，獨自勞苦，神的恩典與你一起工作。願我也能成為你教導的神的僕人。」國王的兄弟也向使徒下跪說：「我在神的面前懇求你，願我能值得向祂侍奉，願我能值得獲取眾天使向我展示的事物。」

二十五、使徒充滿喜樂並說：「我主耶穌，我讚頌祢，祢向這些人顯示了真理，因祢是真理的神，祢知道多數人不知道的所有事。主啊！祢在一切事上顯現慈悲並寬恕人類。因人類犯罪，他們離棄了祢，但祢沒有離棄他們。現在我懇求祢接受國王和他的兄弟與祢聯合在一起，求祢潔淨他們，用祢的油膏他們的頭。讓他們脫離錯誤的圍繞，使他們遠離豺狼，在祢的草場上受養育。讓他們喝那永恆的泉水，那泉水永不污濁，也永不枯竭。他們懇求成為祢的僕人和使差，為此他們寧願受祢的敵人迫害，受眾人厭惡、嘲笑，甚至為祢而死，就像祢為我們受盡各種苦楚一樣。主啊！求祢保守我們。祢是真正的主，真正的好牧人，祢賜福給他們，使他們唯獨對祢有信心，祢給他們幫助和救贖的希望，這些都是他們希望從祢那裡得到的。這樣他們便可立穩在祢的奇異之中，得到祢完美的恩典和禮物，在祢的統轄下繁盛，並達到天父的完美。」

二十六、國王和他的兄弟信靠了使徒，他們跟隨多馬，不願意離開。他們把財產分給所有有需要的人，他們懇求因此而獲得神的印記。他們對使徒說：「你看我們的靈魂多麼願意歸向神，請給我們神的印記，我們聽你傳道說，神通過祂的印記認識祂的羊。」使徒對他們說：「我多麼欣喜向神懇求你們得到這個印記，並能與我分享主的恩典和聖餐，使我們內在變得完美，因我們的主是萬物的神，我所傳揚的耶穌基督，祂是

真理之父,我教導你們要相信祂。」國王命令將浴池封閉七日,不准任何人在那裡洗澡。七日之後,在第八日晚上他們到浴池去,澡堂裡燃點了許多燈,多馬給他們施洗。

二十七、使徒站起來將要給他們印記,上主以聲音向他們顯現說:「願你們兄弟平安!」他們聽見聲音,卻看不見神的形貌,因為他們還未加上印記。使徒用油倒在他們頭上,膏他們的頭,讓他們成為基督徒,並且這樣說:「降臨吧!主基督啊!祢的聖名在一切名字之上。降臨吧!祢至高的權柄,及完美無瑕的慈悲。來吧!至高者的恩典。降臨吧!慈悲的母親。降臨吧!男性的聯合。降臨吧!七個房屋的母親,祢安躺在第八間房屋之上(註)。降臨吧!五眾的長老,心靈、思維、反省、考慮、理性,與這兩個年輕人建立溝通吧!降臨吧!聖靈,清除他們的束縛,清潔他們的心靈,奉天父、聖子及聖靈之名,給他們以附加的印記。」

當他們獲得印記時,有個拿著火炬的年輕人在他們上面出現,這光的來臨讓澡堂的燈也變得黯淡,那年輕人離去後,他們便不再看見他。使徒對主說:「主啊!祢的光我們無法保存,因我們不能承受。對於我們的眼睛,那是太偉大了。」

黎明來臨,到了早上的時候,使徒分開麵包,讓他們分享基督的聖餐,他們都快樂歡欣,還有許多人相信了主,加入他們,在主的護庇之下。

二十八、使徒不斷向他們傳道:「你們這些男子和女子、男孩和女孩、少男和少女,壯丁和老人,被束縛的或是自由的,都要遠離姦淫、貪慾和只為口腹的打算,因這三者帶來一切的邪惡。姦淫蒙蔽靈魂的眼睛,是肉體生命的障礙,使整個人變得衰弱,使整個身體患疾。貪慾將靈魂置於恐懼與羞恥之中,因取去他人的好處,於是常處於恐懼,除非將好

《多馬福音》與《多馬行傳》

處歸還原主,否則難免羞愧。為口腹打算使靈魂陷入煩惱,不斷思想以求獲得所想,或那些很遙遠的東西。如果你能去除這些,便沒有牽掛、懊惱和恐懼。遵守主的教導:『不要將思慮帶到明天,因明天自有明天的思慮。』(參看《馬太福音》6:34)要記著祂所說的話:『看那野地的烏鴉和天上的雀鳥,牠們也不種,也不收藏在穀倉裡,上帝尚且照顧牠們,小信的人啊!上帝會照顧你們更多呢!』(參看《馬太福音》6:30)你們要期待祂的降臨,對祂存有渴望,相信祂的名。祂是匆匆逝去者和死去者的裁判,祂根據每個人的行事然後給予。祂再降臨時,沒有人可以對祂的審判找到藉口,好像你沒有聽說過祂一樣,因祂的名已在世上四方宣佈。轉心而明悟吧!要相信主,並答應接受謙卑的軛和輕鬆的擔子,這樣你們便得到生命,永不死亡。這是你們可以得到,並加以保存的。從黑暗中走出來,讓光能迎接你們,到祂那裡真好,你能得到祂的恩典,在你的靈魂印上祂的記號。」

二十九、當使徒這樣說時,旁邊有些人便說:「現在是債主討債的時候了。」使徒對他們說:「那些放債的人經常希望獲得更多,但讓我們只給他到期的。」使徒祝福他們,然後拿麵包、油、香草和鹽,祝福以後遞給了他們,但使徒自己卻繼續齋戒,因主的安息日已經來臨。

當夜幕來臨,使徒睡覺時,主來到並站在他的頭上,說:「多馬,起來吧!祝福他們所有人,在祈禱和敬拜以後,向東走兩里,那裡我會顯示我的榮耀。如果你到那裡去,有許多人將會歸信我,你要在敵人的權力下帶來光明。」清晨使徒從睡夢中起來,對和他在一起的兄弟說:「兄弟們,主今天會藉著我做事,讓我們一起禱告,懇求我們不會遇到障礙,就好像往常那樣,祂的旨意和我們所願望的都會實現。」這樣說了以後,他把手放在他們身上,祝福他們,把麵包分開,讓他們分享聖餐,並說:「願這聖餐帶給你們慈悲與憐憫,而不是審判和報復。」他們都齊聲說阿門。

《多馬福音》與《多馬行傳》

註：這裡所指的母親，即是聖靈。在一些未被列入《聖經》的典籍中，例如《約翰奧祕書》、《十二聖徒福音》，聖靈被稱為「神聖之母」，上主兼具男子與女子的形相，聖靈就是上主的女性形相。

　　至於「七個房屋的母親，祢安躺在第八間房屋之上」，此兩句話隱含一些隱秘的知識，看似無法理解，但若我們熟悉印度瑜伽修行有關人體經脈 (Nadis) 與輪穴 (Chakra) 的知識，這正好像對應了印度古老的瑜伽知識，這是遠古的修行者透過內在修行而獲得的知識，大致上說明在人體脊椎骨底部三角骨內隱藏著一個捲曲成三圈半的靈性力量，這個力量是一股陰性的力量，可被視為每個人內在的靈性母親，梵文稱這股力量為 Kundalini，音譯「昆達里尼」，即「捲曲」的意思。在昆達里尼以下是根輪，梵文稱為 Mooladhara，在昆達里尼以上有六個輪穴，分別是腹輪 (Swadisthan)、臍輪 (Nabhi)、心輪 (Anahat)、喉輪 (Vishuddi)、額輪 (Agyna) 和最後在頭頂上的頂輪 (Sahasrara)。以上七個輪穴即是醫學上所指人體在整條脊椎骨中的不同神經叢。當個人內在的意願再加上外在合適的環境和方法，昆達里尼便會提昇，穿越以上的五個輪穴，最後座落在頂輪之上，那時這個人的頭頂會感應對一股清涼之氣，這即是聖靈的涼風。在此狀態下，這個人即達到瑜伽的境界，即與宇宙無所不在的整體力量聯合起來。如果我們數一數，頭頂以下的六個輪穴，再加上三角骨，把這些輪穴和三角骨視為房間，昆達里尼就是座落在第八個房間之上，昆達里尼就是每個人的靈性母親，就是基督教所指的聖靈。有關人體的輪穴圖，可參看書後附錄一。

　　還須一提的是這種遠古的印度知識，其使人內在昆達里尼上昇的經驗可說是失傳已久，把這印度古老的知識和提昇昆達里尼的方法帶到現代社會，讓每個現代人只要在自己意願之下都能確實經驗到頭頂處的涼風，以及與神同在的寧靜境界，這是由已故印度聖人錫呂・瑪塔吉・涅瑪娜・德維女士 (Shri Mataji Nirmala Devi, 1923-2011) 於 1970 年代開始在世

界各地作公開傳授的成果。

第三章：神的僕人

三十、當使徒正走向上主呼喚他去的那個地方，還有兩里路遠的時候，他走錯了路，他看見有個英俊的年輕人躺在路上。使徒向上主說：「主啊！這就是祢叫我來這裡的原因，好讓我看見這個試探嗎？祢的旨意我會奉行。」使徒開始祈禱說：「主啊！祢是一切匆匆逝去者和那站在一旁的匆匆過客，以及躺在這裡的死者的裁判。祢是萬事萬物的主宰，祢不僅是身體之內靈魂的天父，還是身體以外靈魂的天父，祢是那些受污染的靈魂的裁判。請在我呼喚祢的時候降臨，並向躺在這裡的人顯示祢的榮耀。」然後使徒向跟隨他的人說：「這件事發生不是沒有原因的，一定是他的敵人所為，也許他還會襲擊我們，你們要小心。」

三十一、使徒這樣說時，有一條毒蛇從洞裡出來，用尾巴敲著地面，用響亮的聲音向使徒說：「我會告訴你，我殺死這個人的原因，因為你來是要譴責我所作的。」使徒說：「你說吧！」那毒蛇說：「這村裡有個漂亮的女子，有一天她經過我住的地方，我看見她以後便被她吸引。我跟著她，看她做什麼。後來我發現這個年輕人吻她，和她交媾，並做出其他可恥的事情。由於我不想嚇驚那女子，我當時沒有殺死他，等到晚上他經過時，我才將他咬死。」使徒問那毒蛇說：「告訴我，你屬於什麼種屬？」

三十二、那毒蛇說：「我屬於爬蟲類，是劇毒父親的劇毒之子，他曾打傷了四個站立的兄弟。我坐在所有地上的寶座，收取人們向我父所借貸的。我是分裂世界者的兒子，我屬於那在海洋以外的一族。我曾穿越天堂的柵欄，告訴夏娃，我父親要我向她說的事情（參看《創世記》第3

章）；是我使該隱在怒火中殺死他的兄弟，因我的緣故，地上生出荊棘與雜草（參看《創世記》4:1-15）；是我將天使從上面拉下來，讓他們迷戀女人（參看《創世記》6:1-3）；那生在世上的兒童如果從他那裡來，我便在他們的裡面工作；是我讓法老王的心狠起來，殺害以色列人的孩子，殘酷地對待他們（參看《出埃及記》1:22）；是我使曠野中的民眾走上錯誤，造出了金牛（參看《出埃及記》32章）；是我燃起希律王和該亞法的怒火，在彼拉多面前作虛偽的指控。這些都是我的作為，是我煽動猶大，賄賂他來出賣基督（參看《馬太福音》26:47-49、57-67及27:11-26）。我住在地獄深處，但神的兒子與我作對，抗衡我的旨意，把那些屬於祂的人帶離了我。我被賦予權柄，在地上行使我父的旨意。」

三十三、毒蛇在眾人面前說出這番話，使徒高聲地說：「停止啊！你這個最無恥的，讓你陷入混亂並徹底地死去吧！因你的毀滅經已臨近。不要斗膽說出這人如何落在你手裡，我以耶穌的名向你指控，祂從你那裡保存那些屬於祂的人。你快把下在這個人的毒液吸回。」可是毒蛇說：「現在還未到你所說的時間的終結，你憑什麼逼我吸回我放在這人身上的毒液，並叫我在我的時間終結之前死去？」使徒向毒蛇說：「給我們顯示你父親的本性。」毒蛇走上前來，吸啜那年輕人的身體，並把他的毒液吸出來，那年輕人慢慢地變成紫色，然後白色。毒蛇把毒液吸完的時候，那年輕人跳起來，走到使徒跟前跪下，那毒蛇卻飽脹起來，最後爆開，並且死了。他的毒液和膽汁濺滿一地，毒液濺下之處裂開了一道洪溝，毒蛇便被吞噬下去。使徒對國王及他的兄弟說：「快找工人來填滿這地方，在上面築基，建造房子，也許可以成為外邦人的居所。」

三十四、那年輕人在使徒面前帶著淚說：「我犯了什麼過錯？你是個有兩個形相的人，只要你願意，你就會在那裡，完全不受任何限制。多麼

《多馬福音》與《多馬行傳》

不尋常啊！我看見有人在你身旁向你說：『我要通過你行出許多奇異，我要通過你施行偉大的工作，你會因此得到酬報。因你許多人會得到生命，他們會安息在永恆的光明之中，成為神的子女。』然後祂向你說及我：『快去，這個年輕人被敵人打倒了，快去，作他的保護人。』就這樣你便來了。我現在沒有擔憂，也沒有怨恨，因在夜裡祂用關懷之光照亮我，讓我在日間勞動後安歇。現在我已遠離了那煽動我去犯罪的黑夜之子，他教我做出顛倒的事情，現在我已找到光明之子作為我的一族。我脫離了那黑暗之子，他令他的子民盲目，為自己所作的感到羞慚，我現在離開了他們，他們的工作也走向完結。現在我找到了光明和真理的工作，令人不會感到後悔。我已離開這個躺下的人，他以黑暗為面紗，背後帶著通姦的羞慚。現在我找到了美麗的事物，真理之子成為我的一族，祂驅散迷霧，照亮祂的創造，祂治好傷口，並戰勝祂的敵人。神的子民啊！我懇求你，因我而向祂祈求，讓我看見那隱藏的，讓我聽見那不能言說的奇異，因我這個身體本來沒有這個能力。」

三十五、使徒這樣回答他：「如果你離棄這些事情，你便得到智慧，一切如你所說。如果你知道是誰將光明放入你之內，學習聽祂的教導，你便會得到你所追尋的愛。你將看見神，並永遠與祂同在，你將安息在祂裡面，在祂的喜樂之中。但如果你只是稀鬆地投向祂，並回到你以前的習慣，離開曾向你顯現的美麗和光輝的面容，忘記了你所祈求祂燦爛的光明，你不僅會喪失此生，甚至是未來的生命。這樣你反會離開了祂，你便會失去祂，便不能再頌讚你找到的神。」

三十六、使徒說完這番話，就拖著年輕人的手到城裡去，向他說：「你所看見的這些事情，只是神許多作為的一小部份，因祂不僅給我們帶來我們所看見的福音，祂還答應我們更好的事物。如果我們希望祂給我們光，那是可見的，也是我們可擁有的。但如果我們要財富，那是屬於這

世界的，我們要求這些事物，其實是我們不需要的，因為經上說：『有錢的人難以進入天國。』（參看《馬太福音》19:23）如果我們要求華麗的衣服，經上已說過：『那穿輕衣柔服的只能在王宮裡。』（參看《馬太福音》11:8）如果你追求奢華的飲食，要知道我們曾接受一項誡命，不要作樂狂歡，以致喝醉，也不要太關心此生的享受，因為經上說：『不要為身體想吃什麼、喝什麼、穿什麼，因為你們的靈比這肉體及身體的衣著更高。』（參看《馬太福音》6:25）我們說的是天上的世界，神和天使的世界，那神聖者的永恆食糧和天國的飲料，那永恆不壞的衣著，那是眼睛看不見，耳朵聽不見，這些不會進入罪人的心中，這些都是神為信祂的人所預備的。我們談的就是這些，並為此帶來福音。你們應該相信祂，你們便能存活；信靠祂，你們便不會死亡。祂不會收授你們奉上的禮物，也不需要你們的獻祭。但如果你依靠祂，祂不會忽視你，你轉向祂，祂不會離棄你，祂的慈愛和美麗使你完全地愛祂，讓你不會背轉祂。」

三十七、使徒向年輕人說出這番話後，有一大群人到來跟從。使徒看見他們，他們許多站在高處希望看見使徒，於是使徒對他們說：「你們到來追求基督的人，相信耶穌的人，要參照這個例子。要知道，如果你們不是站在高處，便看不見矮小的我，也不能將我從你們中找出來。除非你們升高一點，離開地面，否則你們不能認出我。你們要如何找到那個從前在高處，現在卻在低處的祂呢？首先你們要將自己提高，脫離從前的生活，脫離從前那些無益的事情，不再貪求世上的財富、可朽壞的衣服、轉眼逝去的外表美麗，離開儲存這些可朽壞事物的身體。這身體會衰老，化為塵土，最後回歸自然。這身體有的只是可朽壞的事物，但你們要信靠主耶穌基督，這樣，在祂之內我們便有盼望，在祂之內我們便有永無終結的生命。祂是我們在這個充滿錯誤之地的同伴，是我們生命

洶湧海洋的港口。祂是這乾渴之地的清泉，飢餓之地的穀倉，是我們靈魂的安躺之所，是我們身體的良醫。」

三十八、那些聚集起來的人們聽了這番話，哭泣起來，他們向使徒說：「神的使差啊！我們不敢述說屬於你所教導的神，因我們所作的事遠離祂，令祂不悅。但如果祂對我們慈悲，可憐我們，救贖我們，赦免我們過往的過錯，讓我們脫離邪惡和錯誤，不降罪我們，不計我們過往的罪惡，這樣，我們願意成為祂的僕人，奉行祂的意願。」使徒對他們說：「祂不計較你們的罪，不記下你們的過錯，你們因無知而犯下的錯，都會得到祂的寬恕。」

第四章：會說話的驢子

三十九、使徒站在大路上和眾人說了上述一番話後，有一頭雌性的小驢子來到他的跟前。多馬說：「神使這頭驢子來到這裡，不是沒有原因。我現在向驢子說：驢子啊！奉神的恩典，你將有向這裡的大眾說話的能力，請你說出你想說的，好讓這些人能夠相信我們教導的神。」

驢子的口便打開了，他用主所賜的能力說起話來：「基督門下的雙生子，至高者的使徒，你曾受基督秘語的啟發，獲得祂的神秘喻示，你是和神的兒子一起工作的人，你從自由人變為奴隸，因你的被賣而使許多人得到自由。你是那戰勝敵人，解救自己的一族，因緣巧合你來到印度之地，這裡的人都陷入錯誤之中，你的出現，你的神聖話語使他們歸向差遣你的神。請你坐在我身上休息，直至我把你載入城去。」使徒回答說：「耶穌基督啊！祢明白一切的恩典！那安寧平靜竟由那野獸道出了！那隱藏的安息由祢的工作所顯現，祢是我們的救主和養育者，祢將我們安放在這身體，並使我們安息。我們靈魂的救主啊！從祢處流出甜蜜和不朽，那寧靜的泉水，永遠清純，不受污染。祢幫助和保護祢的僕

人，嚇怕那些敵人，叫他們離去，祢幫助我們打勝無數的仗，使我們成為一切的勝利者，祢是我們神聖和永遠勝利的指揮。祢充滿榮耀，給我們永不消逝的喜樂、沒有苦難的解脫。好牧人為羊捨命，祢趕走豺狼，救回祢的羊，將牠們放在上好的草場裡。我們榮耀頌讚祢，那看不見的父，那聖靈，即那所有創造的母親。」

四十、使徒說了這番話，聚在一起的人都看著使徒。使徒站立良久，他望向天空，然後對驢子說：「你是誰？是誰人的驢子，從你口中說出了奇異的事，那是向很多人隱藏著的。」驢子回答說：「我曾經侍奉巴蘭（參看《民數記》22:21-35），還有你的主，你的老師曾坐在我之上（參看《馬可福音》11：1-3）。我現在被派來，讓你坐在我身上得到休息，好讓我獲得信心，同時因為侍奉你而得到更多的賞賜。當我完成對你的侍奉，那能力便會離我而去。」使徒對那驢子說：「祂確能給你恩賜，讓這些事情發生在你和你所屬的種屬之上。對於這些奇異我是無力和軟弱的。」使徒不肯坐在驢子之上，驢子卻懇求使徒，讓牠因服侍他而得到恩賜。於是使徒騎在驢子之上，眾人都跟著他，有些人在前，有些在後，他們都跑著，想看看使徒最後怎樣讓驢子離開。

四十一、使徒到了城門附近，便下了驢子，說：「走吧！到安全的地方去。」那驢子立時倒在地上死去。在場的人都很傷心，他們請求使徒給牠生命，讓牠起來。使徒回答：「奉耶穌基督之名，我能夠使牠復生，但牠這樣死去其實對牠有利，因神賜牠說話的能力，也能叫牠不死。我不會叫牠起來，不是不能夠，而是這樣對牠更好。」使徒叫在場的人挖一條坑，埋葬驢子的屍體，他們都照著做。

第五章：被邪靈附身的女子

四十二、使徒進城去，所有群眾都跟隨著他。他們帶他到那個被毒蛇咬死，又被使徒救活的那個年輕人的父母那裡，因他們懇求使徒到他們家裡坐坐。這時有個十分漂亮的女子突然高聲大叫，說：「來到印度的神的使徒啊！你是唯一真神的僕人，你所傳的是祂的道，救主的靈在你身上，由你去醫治那些受敵人折磨的身體，因你承受了祂的所有。祂命我來告訴你發生在我身上的事情，也許因你而使我重拾希望，而那些站在你身旁的人也會對你教導的神更具信心，因我五年來不斷受到折磨。」使徒叫她上前來，那女子站在使徒面前，並說：「神的僕人啊！作為一個女子，開始時我在寧靜和平安當中，沒有什麼要擔心，也不去想什麼人。」

四十三、「有一天當我從澡堂出來的時候，遇見一個令人困擾的男人，他的聲音聽起來昏沉微弱，他站在我面前說：『我和你將墮入愛河，還會像丈夫和妻子那樣交媾。』我對他說：『我從未跟未婚夫做過這事，因我拒絕結婚，我怎可能給你做那姦淫的事？』說完以後，我便離去。我跟我的女伴說：『看那個無恥的年輕人，他竟這樣對我說，他一點羞恥也沒有嗎？』但我的女伴說：『我看見一個老人向你說話。』當我回家吃過晚飯後，心裡疑惑起來，因他見我時竟有兩個形相，這樣想著，我便睡去了。他在夜裡來，與我作污穢的事。在日間我看見他便逃跑，但在夜裡他便再來將我凌辱。現在我已被他煩擾了五年，而他並沒有離開過。我知道那些魔鬼和邪靈都在你力量之下，他們在你的禱告面前發抖，因此請你為我禱告，驅趕那些困擾我的邪靈，讓我能獲得解放，重拾我的本性，重拾我親人給我的恩惠。」

四十四、於是使徒說：「不受約束的邪靈啊！無恥的敵人啊！永不安歇

的嫉妒者啊！誘惑美女的醜惡者！你有多少形相呢？不管你如何顯現，你的本質不能改變。那詭計多端及不信神的，就像苦樹結出的果子！厚顏無恥的欺騙者！邪惡有如爬行的毒蛇，這就是他的族類！」當使徒這樣說時，那惡魔出現，並站在他的面前，除了那女子和使徒外，沒有人看見他，但他高聲說話，所有人都聽見。

四十五、「至高者的使徒啊！我們向你做過什麼？耶穌基督的僕人啊！我們向你做過什麼？神的兒子的使臣啊！我們向你做過什麼？你要在我們末日來臨前就將我們毀滅？為什麼你要奪去我們的權柄？因這時我們還有希望，還有剩下的時間。我們對你做過什麼？你有你的權柄，而我們有我們的，為什麼你要這樣粗暴地對待我們，而你自己卻教導別人不要有粗暴的行為？為什麼你要為了別人的好處，而不滿足於自己的？為什麼你要像那個專跟我們作對的神的兒子？因你就像是祂所生的一樣。我們曾試過將祂駕御，就好像我們駕御其他人那樣，但祂反過來征服我們，因我們對祂不了解。祂用平凡、貧困、缺乏的外表欺騙了我們，使我們以為祂是平凡血肉之軀，而不知道是祂給人以生命。祂給我們管治自己的權力，我們不會在這個時刻放棄，但你所得的更多，使我們苦惱莫名。」

四十六、說完以後，那惡魔哭泣起來，說：「我美麗的女伴啊！我要離開妳了。我在妳裡面住了這麼長的時間，我要離開妳了，親愛的妹妹，妳是我所喜愛的，我不知道要怎樣做了，我要離開這個地方，到那從沒有聽說過這個人的地方，然後找一個人來代替妳。」跟著他高聲說：「得回平安吧！因有一個比我大的人給妳護蔭，我會離開，然後找另一個像妳的人，如果找不著，我還是會回來找妳，我知道妳在這人身邊的時候，他可以保護妳，但他離開後，妳就會變回從前的樣子，也會將他忘記，那時我便有機可乘了。但現在我害怕那拯救妳的那個人的名。」

說罷，那惡魔便消失了。他離開時，眾人看見火和煙霧，他們都十分驚奇。

四十七、使徒便向他們說：「這惡魔所顯示的正是他的本性，一點也不奇怪，那火會將他徹底消滅，那煙會四散。」使徒跟著說：「耶穌啊！祢向我們顯示隱藏的奧秘，祢給我們顯示許多奇異。祢叫我離開我的族人，又給我說令我如在火中燃燒的三個字，我聽後也不敢對人說（參看《多馬福音》13）。耶穌啊！祢受戮，死去，被埋。耶穌啊！神中之神，祢是死人的救主，病人的醫師。耶穌啊！祢身處貧困，卻像沒有需要的人那樣拯救我們。祢把魚作早餐和晚餐，以一點點麵包便滿足了我們所有人。耶穌啊！祢像人一樣在地上走路，倦了便要休息，卻像神一樣在水面行走。」（參看《馬太福音》14:25）

四十八、「耶穌啊！祢是至高者，祢的聲音從至大的慈悲而來，祢是萬物的救主，是那光的右手，祢以那光的本性推翻邪惡，讓那光的本性聚在一處。祢有許多形相，祢是唯一生下來至高的神眾子中的首生子，卻受到鄙視。耶穌基督啊！在我們呼喚祢時，祢從不忽視我們，祢是所有人類的希望。那些受審判，被鎖在牢房裡的，祢給他們解去束縛。那些被稱為騙子的人，祢從他們的錯誤中救贖他們。我為此而站在這裡感謝祢，我相信祢，因他們懇求祢的救恩，希望得到祢的幫助，在祢的偉大中找到護蔭。讓祢的平安像聖幕一樣降臨在他們身上，更新他們，使他們遠離過去的作為，讓他們放下那過去的人、過去的事，讓他們成為新造的人。以上是我為他們向祢的禱告。」

四十九、跟著使徒將手放在他們之上，並祝福他們說：「我主耶穌基督的恩典將永遠在你們身上。」於是眾人說：「阿門。」而那個女子懇求使徒說：「至高者的使徒啊！讓我得到印記，好讓那敵人不會再回來找

我。」於是使徒叫她走近，將手放在她之上，並奉聖父、聖子、聖靈之名，為她加上印記。跟著使徒叫跟隨他的人預備一張桌子，使徒坐在矮凳上，張開臺布，放上麵包，然後加以祝福，使徒站在一旁說：「耶穌啊！祢讓我們配得上分享祢的聖餐——祢神聖的身體和血液，我們現在要領取祢的聖餐，呼喚祢神聖的名，願祢來與我們交通。」

五十、於是使徒說：「降臨吧！完美的慈悲。降臨吧！天父的交通。降臨吧！奇異的母親。降臨吧！她在所有戰鬥中都得到勝利。降臨吧！那顯示所有偉大的寧靜。降臨吧！她宣示隱秘的知識，並使不可言說的變成淺白，那產下雙生子的神聖鴿子（註）。降臨吧！那隱藏的母親。降臨吧！她顯示她的工作，給予她聯合起來的人喜樂與安息。降臨吧！通過這聖餐與我們交通，我們奉祢的名，因祢的呼召而分享愛的筵席。」說完以後，使徒在麵包上劃上十字，將它分開，並分派給眾人。他將第一塊麵包給那女子，並說：「這個給你是為了邪惡的離去和永恆的救贖。」跟著他將聖餐分給那些得到印記的人。

註：「雙生子」是指耶穌和多馬，因為敘利亞教會以多馬為守護門徒，他們認為多馬與耶穌在靈性上是雙生的。「神聖鴿子」指聖靈，在《新約聖經》的《馬太福音》(3:13-17) 中，耶穌要求施洗約翰替他施洗，耶穌從水中出來的時候，聖靈如鴿子的形像降落在祂身上。

第六章：殺了女子的年輕人

五十一、有個年輕人做了一件可怕的事，他上前來領聖餐，然後放到口中，但他的雙手萎縮起來，使他無法將聖餐放到口裡去。那些看見的人便告訴使徒發生了什麼事。使徒叫那個年輕人前來，並向他說：「不要害羞，告訴我，你做了什麼事？為什麼要到這裡來？主的聖餐已指控了

你,因這聖餐已傳給許多人,給他們信心、愛和醫治,但到你手上卻枯萎,若沒有特別的原因,這不會發生。」那個被聖餐指控的年輕人上前跪在使徒跟前,懇求道:「我做了邪惡的行為,卻以為做了好事。我愛慕一個在城外客棧住下的女子,她也喜歡我。我聽見別人說起你,你宣稱有一個活生生的神,我便相信了,我來是跟其他人一樣,希望得到印記。因你說過:『那些作污穢交合的,特別是犯了姦淫的人,不會在你所教導的神裡獲得生命。』因我很愛她,勸她說我們只作純潔的眷屬,只作靈性的溝通,這也是你所教導的,但她不願意。她說不願意時,我便用刀子殺了她,因我不願看見她和另一個男子通姦。」

五十二、使徒聽見後,便說:「污穢的交合啊!何等無恥!不受束縛的歡愉啊!你怎能煽動這年輕人做出這樣的事情!毒蛇的工作啊!你為何對自己發怒!」之後使徒命人盛來一盆水。當水來的時候,他說:「來吧!從生命之泉而來的水,給我們帶來真理中的真理,給我們安息之中的安息,從那力量而來的救贖力量,統治一切事物,使我們都在祂的旨意之下。來吧!都住在這些水裡,讓聖靈的恩典在這水中圓滿。」跟著使徒向那年輕人說:「到那水中洗淨你的雙手。」那年輕人把雙手放進水中,他的雙手便恢復了原狀。使徒對他說:「你是否相信你的主耶穌基督能夠做一切的事?」那年輕人說:「儘管我最為微小,可是我相信。我做那事時以為自己做的是好事,我已經對你說過,我當時懇求她,可是她不答應我,我本來想保存她的貞潔。」

五十三、於是使徒對他說:「來吧!讓我們一起到你做那事的客棧去。」那年輕人便帶著使徒前去。他們到達客棧,發現那女子已經死在裡面。使徒看見她時很難過,因她是個漂亮的女子。使徒叫人把她帶到客棧的中央,他們把她放在床上,然後抬到客棧中央的空地。使徒將手放在她之上,並說:「耶穌啊!祢經常向我們顯示,我們應每時每刻追

尋祢，祢給我們力量，去尋找和接受，祢還教會我們禱告。雖然我們肉體的眼睛不能看見祢，祢卻從不隱藏於我們靈魂的眼睛。祢是隱藏起來的，但祢的行事卻向我們顯現。在許多事情上，我們都能知道我們所能知道的，因祢給我們無盡的恩典。只要我們要求，祢便給予我們；只要我們尋找，便能尋見；敲門，門便會開。我們因此懇求祢，因我們懼怕自己的罪。我們懇求祢，不是為財富，不是金，不是銀，不是財物，不是那些從土裡來，最後回到土裡的事物，但我們懇求祢，以祢的聖名讓這個躺下的女子起來，以祢的權柄，以祢的光輝，並以這些站在這裡的人的信心，讓那躺下的女子醒來。」

五十四、使徒給那年輕人加上印記，並向他說：「前去握住她的手，並向她說：『我這雙手用刀將妳殺死，現在我這雙手奉耶穌的名，叫妳起來。』」於是那年輕人上前站在她的旁邊說：「耶穌基督啊！我相信祢。」跟著他望著使徒，然後對他說：「請為我禱告，讓我的主來幫助我，祂是我所呼喚的。」跟著他用手握著那女子的手說：「我主耶穌基督啊！請賜給她生命，並給我堅定的信心。」當他拉那女子的手時，她立時坐起來，望著周圍站著的許多人。她看見使徒站在她附近，便跳起床，跪在他跟前，拉著他的衣服，說：「我懇求你，我的主，那位與你在一起的到哪裡去了？他在那個可怕和殘酷的地方也沒有離棄我，還把我交給了你，他還說：『你帶這個女子離去，讓她變得完美，在她的住處聚集起來。』」

五十五、使徒對她說：「告訴我們，妳到過哪裡。」那女子回答：「你不是和我在一起，不是他把我交給你的嗎？」於是她開始說：「有一個可厭的人，全身黑色，他的衣服很骯髒，他帶我到一個地方，那地方有許多洞穴，那地方有很強烈的臭氣。那人讓我看每一個洞穴，我看見第一個洞穴裡有火在燃燒，有許多火輪在轉，還有許多人的靈魂掛在輪子

上，互相碰撞在一起，發出很大的哭聲，沒有一個可被釋放。那人對我說：『那些靈魂都是妳的族人，當他們的日子到了，便會到來受痛苦的煎熬，然後有其他人來替代他們，而他們會被帶到另一個地方去。這些人生前曾顛倒男女交媾。』我再看時，看見有許多嬰兒疊在一起，互相掙扎。那人對我說：『這些都是他們的子女，都是來這裡指證他們。』」

五十六、「跟著那個人帶我到另一個洞穴去，我上前向下望，看見泥濘和堆在一起的蠕蟲，那些人的靈魂都在裡面打滾，還聽到他們咬牙切齒的聲音。那人對我說：『這些靈魂便是那些離棄丈夫犯了姦淫的女子，被帶來這裡受苦。』那人又帶我到另一洞穴去，我上前下望，看見有許多人的靈魂吊在那裡，有的吊著舌頭，有的吊著頭髮，有的吊著雙手，有的倒過頭來吊著腳，還受硫磺和煙火之苦。那和我一起的人告訴我，那些被吊著舌頭的人是誹謗者，說出謊言和令人感到羞恥的話，而他們自己卻不知羞恥。那些被吊著頭髮的是那些厚顏無恥的人，他們沒有謙卑，光著頭在地上四處走。那些雙手被吊著的，是曾經盜取別人財物的人，他們從不幫助那些有需要的人，卻希望得到一切，他們從不想及律法的公義。那些倒過頭來吊著腳的，是那些慢慢走向邪惡道路的人，他們從不探望生病的人，也不看守那些生命要離去的人。這些靈魂都各自因他們所作的而受到報應。」

五十七、「跟著那人帶我看另一個洞穴，那洞很黑，發出惡臭，有許多人的靈魂從裡面望出來，都希望得到一點空氣，可是那守門人不讓他們望出來。那和我在一起的人說：『妳看見的便是靈魂的監獄。那些靈魂已受夠了苦，之後讓別的人代替他們。還有一些已被耗盡的，現在要帶他們去接受另一種苦刑。』那些守衛黑洞的人向身邊那人說：『將這個女子交給我們，好讓我們將她和其他人囚在一起，直至她被帶去受苦刑

的時間。』但那個人對他們說：『我不能將她交給你們，因為我被吩咐不能讓她留在這裡，卻要將她帶回去，直至有對於她的新命令為止。』於是他帶我到另一個地方，那裡的人受更大的折磨。有一個像你的人帶著我，然後將我交給你，還對你這樣說：『帶她走吧！因她是我一隻走失了的羊。』於是你便帶著我走。現在我在你的跟前，我懇求你，不要讓我回到我看見過的可怕的刑罰之地。」

五十八、使徒說：「你們都聽見這女子說的話，而且不單是這些刑罰，還有其他更可怕的。因此你們都要相信我所教導的神，遠離你們過去的作為，不要再作那些因無知而作出的事，否則你們最後便受到痛苦。你們要相信耶穌基督，祂會寬恕你們犯下的罪，並清潔你們的身體，免除世上的貪慾，祂會治療你們身上的過錯。你們每人都要放棄那舊有的自己，要做一個新造的人，拋棄你們從前的行事和言語。那些偷盜的都不要再犯，要靠自己的勞苦和工作生活。那些犯姦淫的人不要再通姦，否則便會被帶往永恆的受苦之地。你們要拋棄貪念，不要說謊、飲酒和誹謗，不要以邪惡對抗邪惡，因為所有這些都不容於我所教導的神。你們要在信心、謙卑、聖潔和希望中行走，那是神所喜悅的，這樣你們便能成為祂的子民，從祂那裡獲得只有少數人才能得到的恩典。」

五十九、於是所有的人都相信了，他們將自己忠誠地交託給神和耶穌基督，為至高者的工作而歡欣，並願作出神聖的事奉。他們帶來許多錢，分給城中的寡婦。使徒叫他們在城中聚集起來，叫跟隨他的人分派，有衣服，也有食物。使徒不斷向他們傳道，向他們說明祂便是經典中宣稱的耶穌基督，祂來到世上，卻被釘十字架，但三天後祂從死裡復活。跟著使徒淺白地向他們解釋，由那從眾先知開始，有關基督的事，基督的到來是要完成所有預言過的事。使徒的名聲傳遍所有城鄉，那些有病的人、受邪靈侵害的人都來求助。有些人躺在他要經過的路上，使徒都以

主的力量治好了他們。那些被治好的人都異口同聲地說：「榮耀都歸我主耶穌，祂的使徒多馬給我們統統治好了病，現在我們都健康歡欣。我們懇求祢，讓我們成為祢的子民，住在祢的羊群當中。主啊！請接受我們，不要怪罪我們的過錯，那些我們因無知而犯下的錯誤。」

六十、於是使徒說：「榮耀歸於那唯一的天父！榮耀歸於眾兄弟的首生子！榮耀歸於祢，祢保護那向祢尋求護蔭的人，祢將他們從睡夢中喚醒，對在死亡之中的人給予生命。耶穌基督啊！祢是勞苦的人的護蔭和安息之處，祢治療那些為了祢名而在日間受苦的人。我們感謝祢給我們的恩賜，賜給我們的幫助，感謝祢對我們的施予。」

六十一、「願祢能使我們變得永遠完美，讓我們獲得祢的勇氣。請照顧我們，因我們為了祢，離開我們的家庭和父母。因為祢，我們甘願成為異邦人。主啊！請看顧我們，我們為祢拋棄了所有，從祢那裡卻獲得不能被奪去的財富。主啊！請看顧我們，因我們離開了我們的族人，好讓我們能加入祢的一族。主啊！請看顧我們，因我們離棄了父母親人，好使我們能讚頌我們的天父，因上天的食糧而得到滿足。主啊！請看顧我們，因我們放棄了世間的伴侶和地上的財物，好使我們能參加真正的集體，得到真正的果實，那果實在一切之上，沒有人可以取去。主啊！我們住在祢之中，願祢也能住在我們之中。」

第七章：國王的長官

六十二、多馬將神的話語傳遍了整個印度，有個墨斯大流士王的長官來到使徒面前，對他說：「我聽說你從不收取別人的報酬，你只是給予別人所需。如果你接受報酬的話，我便會送很多錢來，而不會親自來到這裡。國王不可以沒有我，因此我的財富很多，我甚至成為印度最富有的

人。而我也沒有開罪任何人，可是不幸的事情卻發生在我身上。我有一個妻子，我跟她生下一個女兒，我對她很疼愛，從沒想過要再娶另一個妻子。有一次城裡有一個婚宴，擺下婚宴的是我親愛的人，他們來請我前去，還要帶同我的妻子和女兒。由於他們是我的好友，因此我不能拒絕。我派妻子和女兒前往，儘管我的妻子不大願意，同時我還派了一些僕人跟從她們。於是我的妻子和女兒，戴著許多飾物出發了。」

六十三、「那天黃昏，宴會完畢的時候，我帶著燈和火炬來接她們。我站在街上，看著她們何時回來。當我站著時，我聽見哀傷的聲音。『不好了！』我的僕人這樣說，他們衣衫破爛，走來向我說發生了的事。他們說：『有一個男子，還有一個孩子和他在一起。那男子將手放在你的妻子身上，而那孩子的手也放在你的女兒身上，她們想逃跑，我們也用刀傷了他們，但我們的刀掉下，同時你的妻子和女兒也倒下了，咬著牙齒，並將頭撞向地上，我們看見這樣便跑來報告。』當我聽見僕人這樣說時，我撕破了衣服，並用手摑我的臉，像瘋子那樣在街上跑，最後我在市集找到了她們。我帶她們回到屋裡，過了許久，她們醒來，站著，然後才坐下來。」

六十四、「我於是問妻子：『有什麼事發生在妳身上？』她說道：『你知道你對我做了什麼事嗎？我向你懇求不要讓我到婚宴去，因我的身體不舒服。當我在路上的時候，我經過了輸水道，那兒有一個黝黑的男人望著我，向我點頭，還有一個跟他相像的孩子站在旁邊。我於是對女兒說：『看那兩個醜陋的人，他們的牙齒像牛奶，嘴唇像黑炭。』跟著我們離開，往輸水道走去。黃昏的時候，我們離開那婚宴，和僕人在輸水道附近又看見那兩個人。我女兒首先看見他們，她很害怕，跑到我這裡來。而我也看見他們朝我們走來，那些僕人都逃跑了。他們走上前來，將我和女兒擊倒在地上。』當她告訴我這些事情時，那邪魔再令她們倒

《多馬福音》與《多馬行傳》

在地上,從那時開始她們便不能恢復,我只好將她們鎖在房中。為了她們,我受了很多苦,感到很傷心,因為那兩個邪魔令她們倒下,並脫光衣服。我在神的面前懇求你,憐憫我,幫助我。現在我的屋子沒有擺下餐桌已三年,我的妻子和女兒也從沒有坐在餐桌上,尤其是我那可憐的女兒,她還沒有看見過世界上任何美好的事。」

六十五、使徒聽了長官的話,感到很難過,便對他說:「你相信主耶穌會醫好她們嗎?」那長官說:「相信。」使徒說:「將你自己交託給主耶穌吧!祂會醫治她們,讓她們獲得幫助。」那長官說:「請給我顯示祂,使我能信靠祂,得到幫助。」使徒說:「祂不會在肉體的眼睛裡顯現,只有在心靈的眼睛才能找到。」那長官於是高聲說:「耶穌啊!我相信祢,我懇求祢,幫助我這個小信的人。」於是使徒叫隨從色諾芬聚集所有的兄弟,當眾人聚在一起的時候,使徒站在他們中間對他們說:

六十六、「相信主的兄弟和子民,要住在信心之中,向別人講述我所教導你們的耶穌,要在祂裡面存著盼望,不要離棄祂,祂也不會離棄你。當你們在睡夢中被往下拉時,祂不會睡覺,祂會繼續看顧你。當你在海上遇到危險時,沒有人能幫助你,但祂行走在水面之上,給你支持和幫助。因我快要離開你們了,也不知能不能在這個肉體再見你們。你們不要像以色列人那樣,一時看不見他們的導師便被絆倒。我留下我的隨從色諾芬來代替我,因他像我一樣,向人宣講耶穌。因為重要的不是我,不是他,而是只有耶穌。因我也是個人,穿著這個身體,我和你們一樣是人之子。我不像有些人那樣擁有財富,財富只會指控那些擁有它們的人,是完全沒有用的,最後會回歸塵土,回到它們來自的地方。金錢帶著錯誤與罪惡,讓人墮落。那些富人很少會去施予,但只有那些仁慈和心裡謙卑的人,才能承繼神的國度。因為人的美麗不能保持,當歲月已過,便突然感到羞慚。所有事情都有它們的時間,在它們的季節受到愛

戴或憎恨。讓你們將盼望放在神的兒子耶穌基督，時常渴求祂。同時要記著我們，就好像我們時常記著你們一樣。如果我們不能遵守十誡（參看《出埃及記》20章），便配不上傳祂的名，那我們就是把懲罰放在自己的頭上。」

六十七、使徒和他們一起禱告，祈求多時，將他們交託給主。使徒說：「主啊！祢統治著每個身體之內的靈，祢是他們的父。他們對祢存著盼望，期望著祢的慈悲。祢拯救那些犯了錯誤的子民，讓他們脫離束縛和腐敗，只要他們來尋求祢的護庇。願祢看守色諾芬這一眾兄弟，並用神聖的油來膏他們的頭，治療他們的痛楚，不要讓兇惡的豺狼侵害他們。」使者將手放在他們之上，說：「願神的平安與你們同在，並與我們到每一處。」

第八章：野驢

六十八、使徒便出發上路，他們全都為他送行，且哭泣著，懇求他在禱告中記著他們，不要將他們忘記。使徒上了車，離開所有兄弟，那長官走上前來向車夫說：「我懇求你讓我坐在他的腳下，我要在這段路上作他的車夫，他也可以成為我的嚮導，帶我去很少人才能去到的地方。」

六十九、他們走了兩里路之後，使徒請求那長官起來，坐在他的身旁，讓車夫坐回他的位置。他們沿著路上走的時候，那兩匹馬因為天氣太熱而走不動。長官苦惱起來，不知所措。他想自己走路，讓馬來拉車，可是使徒說：「你不要心亂起來，也不要害怕，只要相信我向你教導的耶穌基督，這樣你便會看見許多奇異的事。」使徒往前望去，看見一群野驢在路邊吃草。使徒對長官說：「如果你真的相信耶穌基督，走上前對那群野驢說，神耶穌的使徒多馬說：你們其中四個前來，因為我們需要

《多馬福音》與《多馬行傳》

你們。」

七十、那長官誠惶誠恐地向前走去，因為野驢的數目很多。他走向前，那些野驢也走近他。長官對野驢說：「神的門徒多馬命令你們：讓你們其中四個前來，因為我們需要你們。」野驢聽見後，都一起走上前來，向他表示敬意。於是使徒多馬高聲地頌讚說：「榮耀歸祢，真理之神和自然之主，因祢以祢的旨意做出祢所有的工作，完成了所有的創造，讓他們各按本性行事，又使他們懼怕，因他們都在祢的管治之下。讓祢的隱秘慢慢顯現，祢關心祢所做的每個靈魂，祢是眾先知以不同的啟示和聲音所講述的。祢是萬物的神，祢關心所有的創造物。祢通過主耶穌向我們施以慈悲，祂是從祢而來，穿上這個身體，萬物由祢的智慧所做，祂是祢指派來顯明祢的，祢叫祂作神的兒子，祂是祢的旨意，祢的權柄和祢的思想，因此祢有不同的名字，天父、聖子和聖靈，用以管治祢的創造物，並滋養整個大自然，祢是那榮耀、權柄和旨意，祢分為三者卻沒有互相分離，祢仍然是一體。主啊！我信靠祢，祢命令這不能說話的野獸，因我們的需要而顯示駕御牠們的能力，好使祢的名能被我們和這不能說話的野獸榮耀。」跟著使徒對牠們說：「願你們得到平安！你們其中四個要留下來拉車。」每一頭驢子都走上前，希望拉車。其中有四隻比其他強壯，被選中了，其他驢子則有些走在前面，有些走在後面。走了一段路後，使徒叫其他驢子離開，並說：「住在荒野中的驢子啊！回到你們的草場。如果我們需要你們每一個，我們會叫你們全都跟隨，但現在回到你們居住的地方吧！」於是那些驢子便離開了，直至再看不見牠們。

七十一、使徒和車夫向前行，那些野驢把車拉得很穩妥，毫不騷擾神的使徒。他們到了城門，那些驢子轉過一旁，站在那長官門前。長官說：「實在難以相信所發生的事情，但我卻親眼看見，因此我會告訴每個

人。」整座城裡的人都來看拉車的驢子，他們聽人說使徒要來到城裡。使徒問那長官道：「你住哪一家？要將我們帶到什麼地方？」長官說：「你知道我們已經到了家門口，那接受神命令的比我還知道得清楚。」

七十二、說完以後，他便下了車。使徒說：「耶穌基督啊！祢在此城中因無知而被褻瀆，耶穌啊！這個國家的人並不知道有祢。耶穌啊！祢接納所有人，祢派遣使徒到每一個值得榮耀的國家和城市。耶穌啊！祢成為人的形相，讓我們所有人都能看見，使我們不會離開祢的愛。主啊！祢為我們犧牲，用祢的血為我們贖罪，祢為我們付出了重大的代價。主啊！我們可以給祢什麼，來償還祢給予我們的生命呢？因我們所能付出的，都是祢賜給我們的。」

七十三、使徒這樣說時，有許多人聚集起來，要看神的使徒。使徒於是說：「為什麼我們只是站在這裡？主耶穌啊！時間已經到了，祢要我們做些什麼呢？請命令我們完成需要做的一切。現在這長官的妻子和女兒都被邪魔附了身，那在屋裡的人以為她們不會再起來，不讓她們參加任何事，只將她們關在房子裡，直到使徒的來臨。」跟著使徒對在右邊拉車的驢子說：「你從這門進去，站在那裡向那邪魔說話，你說：耶穌基督的門徒猶大多馬向你說：上前來，我是為了你及你的族類而被派遣來，要來毀滅你，把你趕回你的地方，到了時間終結之時，你便要回到你那黑暗的深處。」

七十四、於是那野驢走了進去，有一大群人跟著她，那驢子說：「耶穌基督的敵人啊！我現在向你說話，我說話時，你得閉上眼睛，否則你會看見那光。邪惡之子，毀滅之子，你沒有停止你的作惡，直至現在，你還不斷進行邪惡的工作，為邪惡作事。最無恥的，我現在向你說話，你會因你的所作所為而滅亡，我會宣告你的毀滅和終結。我不知道要說些

什麼，因有太多的事情要說。你所作的甚至比等著你的苦刑還大。邪魔啊！我要向你說，還有你的兒子，現在我被差派來與你作對。我因此要說出許多關於你的本性和根源的話，這些都是你自己知道的，難道你不感到羞恥嗎？耶穌基督的門徒猶大多馬派我來向你說話，他是多麼的慈愛。現在在眾人面前，你上前來說出你屬於什麼種屬。」

七十五、這時那婦人和女兒立即走上前來，她們都像死人一樣，而且舉止不雅。使徒很為他們難過，特別是那個女孩子，他向那邪魔說：「神叫你們寬恕及勸慰，但你們不知寬恕，也沒有同情。現在我奉耶穌的名命你們立即離開這兩個女子，並站在一旁。」使徒說完了以後，那兩個女子便倒在地上，好像死去了的樣子，她們既沒有呼吸，也沒有說話。那邪魔卻高聲說：「又是你來了，你嘲弄我們的本性和我們的種屬。又是你來了，要破壞我們的工具。你根本不讓我們在地上生存，可是這一次你卻不能如願。」於是使徒想：「這邪魔一定是他從另一個女子身上驅趕出來的惡魔。」

七十六、那邪魔說：「我懇求你，即使沒有你的准許也讓我離開，讓我聽你的命令住在那裡，這樣我便不用害怕那管治在我之上的。就好像你來傳播佳音，我來作毀滅。像你一樣，如果沒有完成差遣你的人的旨意，便會受到處罰，那個差遣我的人也一樣會處罰我，這在指定的時間之前都會發生，這就是我的本性。就好像你的基督幫助你作事，同樣我的父親也幫助我作事。就好像你的主選擇祂的器皿，我的主也選擇為他行事的器皿。就好像你的主養育祂的子民，我的主也為我預備了懲罰和苦惱，那便是我的住處。就好像為獎賞你的工作，祂給你永恆的生命，同樣為酬報我的工作，他給我永恆的毀滅。就好像你以禱告、行善和感恩來補充力量，我以殺人、通姦、祭壇上的酒來補充我的力量。就好像你使人轉向永恆的生命，我使人轉向永恆的毀滅和痛苦。你得到你所得的，而

我也得到我所得的。」

七十七、邪魔說出了這番話，使徒說：「我奉耶穌之名命令你和你的兒子不准再進入人的體內，快快離開，住在不是人體的地方。」那邪魔對使徒說：「你將一個難以遵守的命令加在我們身上，可是你會怎樣對待那些你看不見的？他們有許多崇拜偶像，用牲畜給他們獻祭，並奠上水和酒。」使徒說：「那些都要廢除。」這時邪魔突然消失，那兩個女子仍然倒在地上，好像死了一樣，完全沒有言語。

七十八、那幾隻野驢站在一起，互不分離。眾人都靜下來，看牠們會怎樣。那被上主賜予說話能力的驢子向使徒說：「至高者基督的門徒啊！你為什麼呆呆地站著？你所求的，祂都給你，你為什麼這樣遲疑？因你的老師要通過你顯示祂奇異的工作。為什麼你站著動也不動？讚頌那隱藏的，因你的主要通過你去顯示那不可言說的事，這只是留給少數配得上的人聽的。奉主之名而行事的人啊！為什麼你停了下來？你的主曾大大鼓勵你，給你勇氣，因此不要害怕，因祂不會離棄你與生俱來的靈。你要呼喚祂，祂會回答你。為什麼你站在那裡驚訝祂的作為？因這些都只是祂所作的小事情。你怎樣去言說祂的恩典呢？你的言語都不夠去宣稱。你為什麼要驚奇祂對身體的醫治？特別是你應知道祂的醫治是穩妥和長久的，這是由祂的本性所帶來的。為什麼你只看見短暫的生命，而看不見那永恆的生命？」

七十九、「站在這裡的人都要看你怎樣把那兩個倒下的女子喚起來。要相信耶穌基督，要相信真理的導師，要相信祂能給你顯示真理，要相信耶穌，要相信降世的基督，要相信初生的能夠成長，由嬰兒長大成完善的男子。祂教導祂的門徒，因為祂是真理的導師，使智慧的人有智慧。我們在聖殿獻上祭品，祂可向我們顯示所有祭品都變成神聖。這是祂的

門徒，是真理的顯示者，他執行差派他的神的旨意。可是以後會有假使徒，有不守律法的先知。他們所行、所教導的都是反乎神。他們無時無刻都充滿罪惡，他們穿著綿羊的外衣，裡面卻是豺狼。那些不滿足於自己的妻子，還要姦淫婦女的，那些不尊重小孩子，毀滅那些小孩子的，他們會受到懲罰。那些不滿足於自己的財物，還要掠奪自己用不著的東西，會宣稱是他們的使徒。他們中說的是一套，心中想的是另一套。他們叫別人小心邪惡，自己卻不做好事。他們叫別人不要姦淫，不要追求貪慾，這些他們都靜靜地去做，卻教別人不要這樣做。」

八十、那野驢子說出這番話時，在場的人都望著牠。當驢子說完了，使徒便說：「耶穌啊！我怎樣構想祢的美麗，我真不知道怎樣去言說，我實在不能夠，因我沒有這個能力。耶穌基督啊！只有具智慧者，才能知道人的內心和思想。榮耀歸於祢，祢的慈悲和平靜；榮耀歸於祢智慧的話語；榮耀歸於祢的慈愛，祢為我們而生；榮耀歸於祢的偉大，卻為我們而變得微小；榮耀歸於那至高者，卻為我們而變得謙卑；榮耀歸於祢的大能，卻為我們而變得軟弱；榮耀歸於祢的關懷，為我們而變得像人一樣；榮耀歸於祢的人性，為我們死去，好讓我們得到永生；榮耀歸於祢，祢能使死人復活，使我們的靈魂昇進及得以安息；榮耀歸於祢，祢升入天國，給我們顯示了高處的道路，又答應我們，讓我們坐在祢的右手旁，和以色列十二族人的長老坐在一起。祢是天父上天的話語，祢是那隱藏著的智慧的光，祢揭示真理的道路，祢驅除黑暗，並改正錯誤。」

八十一、說話後，使徒站在那兩個女子前，說：「我的主，我的神，我從不與祢分離，我不是以不信者的身份來呼喚祢，祢一直幫助我們，支持我們，養育我們。祢將祢的大能吹入我們，並鼓勵我們，給祢的僕人信心和慈愛。我懇求祢，讓這兩個靈魂得到醫治，並且起來，回復她們

被魔鬼打倒以前的樣子。」當使徒這樣說時，那兩個女子便翻過身，坐了起來。使徒叫長官和僕人帶來一些食物，因那兩個女子已經有許多天沒有進食了。當她們進屋去的時候，使徒對那幾隻驢子說：「跟我走吧！」於是驢子便跟著他，直至出到城門外。出了城門以後，使徒對那些驢子說：「平安地回到你們的草場。」那些驢子便奉命離去。使徒站在那裡看著他們，不讓他們受到傷害，直到那些驢子走得很遠，再看不見為止，跟著使徒便和眾人回到長官的房子。

第九章：查利修斯的妻子

八十二、有一個婦人叫麥冬利亞，她是國王屬下大臣查利修斯的妻子，她來是要禮拜新的神，就是那個來到他們國家的使徒所宣稱的。她由僕人抬著來，因為人很多，路很窄，他們不能將她抬近使徒，她於是叫丈夫多派一些人來供她使喚。她的下屬走向她，還打周圍的人，叫他們讓開。使徒看見了便向他們說：「為什麼你們要推開追求真理的人？你們雖然接近我，但其實很遠，就像主向到來的群眾說：『你們有眼的不能看見，有耳的不能聽見。』（參看《馬太福音》13:13）主又向他們說：『有耳的當聽，到我這裡來，凡勞苦擔重擔的人，我會給你們安息。』（參看《馬太福音》11:28）

八十三、使徒望著那些抬著她的僕人，並向他們說：「這些曾經答應過的祝福，現在都是為你們這些擔重擔的人。你們抬著難以承受的重擔，卻要被她命令抬著。你們雖然是人，卻要像牲畜那樣在路上負重擔，因為那些命令你們的，認為你們不是像他們一樣的人，無論你是奴僕還是自由人。但在審判面前，財富不會對富人有利，貧窮也不會拯救那些窮人。我們沒有接受一項不能奉行的誡命，也沒有承受不能負擔的重擔。我們從神接受的誡命，不是叫別人做出來取悅我們，而是我們不能向別

《多馬福音》與《多馬行傳》

人做出違反誡命的事。」

八十四、「因此，首先不要犯姦淫，那是一切罪惡的開始；接下來是偷盜，就是這引誘了猶大，帶他走到上吊的道路。許多人產生貪婪而不自知，這些都是從虛榮，從一切污穢的事物，特別是從身體裡來，帶來的是永恆的詛咒。這是罪惡的淵藪，它抓著人們的頭，把他們帶到深處，叫他們臣服於它的雙手，看不見自己所做的事情，他們所作的都對他們隱藏。」

八十五、「但如果你做上主喜悅的事情，謙卑、平靜，這樣上主便會寬恕你，並賜給你永恆的生命，讓你看不見死亡，又給你一切的美善，讓你戰勝所有敵人，獲得勝利的冠冕。你要向貧窮的人伸出援手，幫助那些有需要的人，施予那些有需要的人，特別是那些行走在神聖道路上的人。這些人都是神所揀選的，引導他們到永恆的生命。上主的城充滿一切美善。那些沒有為基督而奮鬥的人不會獲得神聖，因神聖確實來自神。你們不要姦淫，要戰勝那些敵人，要令神歡喜，因神聖是不可戰勝的。要榮耀神，因神聖是平安的使者，宣佈平安。若誰人得到她，祂便會臨在，因此你們要令神歡喜，期待救贖的日子。因她不會弄錯，她會給有她的人生命、安息和喜樂。」

八十六、「謙卑戰勝死亡，讓死亡在它權柄之下；謙卑能讓敵人變成奴僕；謙卑是最好的駕御；謙卑無所懼怕，不去反對眾人；謙卑是平安、喜樂和安息。你們要住在神聖之中，從我那裡得到自由，要靠近謙卑，在我的頭腦裡有我向你們宣告的基督。神聖是基督的殿，住在裡面的人將得到神聖。忍耐是神安息之處，祂禁食了四十日四十夜，什麼也沒有吃（參看《路加福音》4：1-13）。那些住在神聖的人就像住在山上。謙卑是祂所誇讚的，祂曾向門徒彼得說：『收起你的刀劍，放在刀鞘裡，

若我要這樣做，我會從天父那裡帶來十二隊天使。」（參看《馬太福音》26:52-53）

八十七、使徒說出這番話，眾人都聽到了，他們一個踏著一個，互相推撞。查利修斯妻子的僕人把她的椅子翻倒在地，她剛好落在使徒跟前。她抓著使徒的腳懇求說：「活生生的神的門徒啊！你來到這個荒蕪的國家，我們住在沙漠裡，說話像牲畜一樣，但現在你的手拯救了我們。我因此懇求你，想起我，為我禱告，好讓你教導的神的慈愛臨在我身上，讓我成為祂的居所，在祂裡面找到盼望和信心。讓我得到印記，成為聖殿，好讓祂能住在我裡面。」

八十八、使徒說：「我為所有信主的兄弟禱告，還有妳——希望接受基督的姐妹，願上主的話語在你們每一個人之中。」跟著他對那個女子麥冬利亞說：「從地上站起來，並脫下妳的首飾，因妳的穿戴並不能夠增加妳身體和外表的美麗，妳的階級地位，妳在這世上的權柄也不能夠。如果沒有真正的追隨，妳與丈夫污穢的交媾也是無用的。妝扮的外表最後歸於無有，這身體會衰老改變，那些衣服會破舊，那些權柄會過去，追求生育的會過去，就好像是詛咒一樣。只有耶穌是永存的，還有那些在祂裡面有盼望的人。」跟著使徒對那女子說：「平安地離去吧！神會使妳配得上祂的奇異。」但她說：「我害怕離去，除非你離棄我而到了另一個國家，否則我是不會離去的。」使徒對她說：「即使我走了，也不會讓妳孤獨，耶穌的慈愛會常與妳同在。」她倒在地上向使徒致敬，然後回到家裡去。

八十九、這時，墨斯大流士王的族人查利修斯剛剛洗完澡回來，躺下準備用膳。他問妻子往哪裡去了，因她沒有像往常那樣，從房間走出來看他。女僕告訴他說：「你的妻子不舒服。」他於是連忙走進房間，看見

《多馬福音》與《多馬行傳》

妻子睡在床上，而且戴著面紗。他揭開面紗並吻了她一下，說道：「為什麼妳今天憂心忡忡？」她說：「我不舒服。」他於是向她說：「為什麼妳不好好利用作為一個自由婦女的身份，留在家裡，卻去聽那個巫師無用的演說？現在起來與我一起進餐吧！沒有了妳，我食不下嚥。」但是她說：「今天我不能陪你，因我十分害怕。」

九十、查利修斯聽見麥冬利亞這樣說，他自己不去吃晚膳，卻吩咐僕人把食物帶進來，和她一起吃。僕人把食物帶進來，他希望和她一起吃，可是她拒絕了。他只好獨自吃，並向她說：「因妳的緣故，我拒絕與墨斯大流士王一起用餐，而妳真的不肯和我一起吃嗎？」可是她說：「這都是因為我身體不舒服的緣故。」查利修斯於是站起來，像往常那樣要與她同床。可是她說：「我不是告訴過你，今天我不能夠嗎？」

九十一、查利修斯聽了，只好到另一張床去睡，他在睡夢中醒來，說：「麥冬利亞啊！快來聽我夢中所見。我看見自己在墨斯大流士王身旁吃飯，我們面前放滿了珍饈佳餚。我看見一隻鷹從天上降下，在我和國王面前帶走了兩塊雞肉。然後那鷹又飛回來，在我們頭上。國王吩咐侍從拿來一張弓，這時那鷹又飛過來，抓走兩隻鴿子。國王將箭射向那鷹，箭從一邊穿過另一邊，但那鷹沒有受傷，牠還飛回自己的巢。跟著我醒來，充滿恐懼和苦惱，因我嚐過那雞肉而那鷹卻不讓我放進口裡。」麥冬利亞說：「這個夢是好的，因直至現在，那鷹還未曾嚐到雞肉。」

九十二、早上的時候，查利修斯起來穿衣，把右腳放進左邊的鞋子去，他停下來，向麥冬利亞說：「發生了什麼事？看，昨晚的一場夢，還有我今天的行為！」可是麥冬利亞向他說：「這也不是壞事，在我看來十分之好，因為一些不幸的事情會變成一些更好的事。」查利修斯洗淨雙手，前去參見墨斯大流士王。

九十三、麥冬利亞同樣一早起來，前去向使徒多馬致敬。到達時，她看見使徒正在和長官以及眾人說話，他提到一個將靈魂交託給主的女子，以及她是誰人的妻子。長官說：「她是墨斯大流士王的族人查利修斯的妻子。她丈夫是個很有才幹的人，他說什麼，國王都會遵從。他不會讓妻子這樣下去，作她答應過的，因為他在國王面前讚美過她許多次，說再沒有像她那樣愛他的女子，你所講的關於這個女子的事情，對她來說是不可能的。」可是使徒說：「如果神真的提升了她的靈，如果她接受了放在她裡面的種子，她便不會計較這俗世的生活，也不會害怕死亡，查利修斯也不能傷害她分毫，因她的靈所接受的比他更大，若她真的去接受的話。」

九十四、麥冬利亞聽見這番話後，向使徒說：「主啊！我真的接受了祢話語的種子，我會讓這種子結出果實。」使徒說：「主啊！我們的靈向祢感恩，因我們的靈原是祢的。我們的身體向祢感恩，因祢認為這身體配得上成為祢上天恩賜的居所。」使徒又向站在一旁的人說：「那些神聖的人有福了，他們的靈不會詛咒他們，那些得到神聖的人不會互相分離。那些身體聖潔的人有福了，因他們配得上成為上帝的殿，讓基督可以住在裡面。你們有福了，因你們有能力寬恕罪惡。那些沒有失去所賦予的，因保存它而歡欣的人有福了。你們這些神聖的人有福了，因你們被賜予追求和接受。你們這些謙卑的人有福了，因神認為你們配得上追隨天國，你們將看見上帝的臉。你們這些為上主而飢餓的人有福了，因你們將躺在安息之中，你們的靈自此歡欣。你們這些靜默的人有福了，因你們已脫離了罪惡。」使徒向眾人說出這番話後，麥冬利亞的信心就更加堅定了，她就更加榮耀基督的偉大。

九十五、查利修斯是墨斯大流士王的族人和朋友，他吃早餐時，在房子

《多馬福音》與《多馬行傳》

裡找不到他的妻子，他問房子裡所有的人：「你們的女主人在哪裡？」其中一個回答：「她去了那外邦人那裡。」他聽到後十分憤怒，因其他僕人都沒有向他直接說出真相。他坐下等候他的妻子，到了傍晚，她回來了，他便問她：「妳到了哪裡？」她回答：「和那醫師在一起。」他說：「那個外邦人是醫師？」她說：「是，他是醫治靈魂的醫師，大部份醫師是醫治那可朽壞的身體，但他醫治那不會朽壞的靈魂。」查利修斯聽後，因那使徒的緣故對麥冬利亞十分生氣，但沒有向她說什麼，他很害怕，因她的出生比他高貴，財富比他多。跟著他便去吃晚餐，而她卻返回寢室。他對僕人說：「叫她出來吃晚餐。」但她沒有出來。

九十六、他聽到她不肯走出寢室，便走進去，對她說：「為什麼妳不再和我吃晚餐，也不像以往那樣和我同寢？我正因此而懷疑，我聽說那巫師，那騙子教人不要和妻子同住，這是本性所需，神所授予的，他卻要推翻。」查利修斯這樣說，麥冬利亞卻沉默，他再說道：「我的淑女，我的伴侶麥冬利亞啊！不要被那騙人的無稽說話迷惑，不要被他的巫術所騙，我聽說那人以聖父、聖子、聖靈之名施洗，我從未聽過在世上有人可令死人復活，但那人卻令死人復活。他不吃也不喝，不要想他不吃不喝是為了正義的緣故，他不吃不喝是因為他一無所有，甚至是日用食糧都沒有。他能做什麼？他因為貧窮只有一件衣服，他沒有因所做的一切而要求什麼，因為他知道他其實沒有醫治過任何人。」

九十七、查利修斯這樣說，麥冬利亞仍然如石頭般沉默。她只是祈求，祈求明天白晝她可以去到基督的門徒那裡。查利修斯離開了她，回去吃晚餐，思潮起伏，他想和以往一樣和她同睡。他離開後，她便雙膝跪下祈求：「上主，神，仁慈的父親，救贖主耶穌，給我力量戰勝查理修斯的無恥，使我能保持你所喜悅的神聖，我或許能這樣找到永生。」禱告後，她便躺在床上安睡。

九十八、查理修斯吃過晚餐後便來到，她大叫：「你再不能和我同睡一室，因我主耶穌比你更大，祂與我在一起，躺在我內。」他笑著說：「妳要像那巫師說這說那，那可笑的話：『你若不潔淨自己便不能和神在一起。』」他說話間正強要和她同睡，她忍受不來，苦苦哀求：「我呼求祢，主耶穌，不要拋棄我！和祢一起我才找到避難處，我知道祢把無知和犯錯的人拯救出來，我聽到這些便相信了祢，請救我脫離查理修斯的無恥行為，他的污穢不能佔有我。」她雙手用力開脫，赤裸地離開他，她走出時拉下寢室的門簾布包裹身體，走到她的侍女那裡，和她同睡。

九十九、查理修斯整夜迷糊，他用雙手自摑面龐，清醒過後，他想告訴國王，在他身上發生的暴行，但他想：「這昏迷阻止我去找國王，誰人帶我去見他？我知道我的膽大妄為足以毀去我的尊貴地位，使我變得可憎，並要與我的姐妹麥冬利亞隔離。若國王現在站在門前，我也不能開門回答他。我要等到天明，我無論向國王要求什麼，他都會給我，我會告訴他那外邦人的瘋狂，他如何令尊貴者卑屈，迷惑他們。我不是因不能和她在一起而傷心，我只是為她而傷心，因她偉大的靈魂卑屈起來，她在房子裡是高貴的淑女，無人可指責，但她卻赤裸離開寢室，我不知道她走到那裡，可能她因那巫師而瘋癲，走到市集去找他，因為她只鍾情於他，及他所說的話。」

一百、跟著他哀慟地說：「我有禍了，我的伴侶啊！妳也有禍了，因我太快喪失了妳。我有禍了，我最親愛的，因妳在我族中是最優越的，我沒有從妳處得到兒子，或女兒，好使我能安躺在他們之內，妳也沒有整年和我同住，邪惡的眼睛把妳帶走了。若那死亡的暴行把妳帶去，我應是在國王與貴族之中，但我卻在那外邦人的手中受苦，他像一個奴隸走

《多馬福音》與《多馬行傳》

了出來，帶給我不幸和靈魂的傷痛！若我不把他剷除報此晚之仇，我作事便會障礙重重，我也不能再討墨斯大流士王的歡心，若我不把那外邦人的頭臚割下，報我的仇。我會向國王說出那長官悉發也有份此事，是他令那外邦人出現，住在他的房子裡，令進出他房子的人接受他新的教條，說沒有人可以存活，若他不遠離他的生計，像他一樣棄絕一切，令很多人像他一樣。」

一百零一、查理修斯想到這些事情後，不久天亮了。他穿一件舊袍子，穿上鞋子，垂頭喪氣，一臉深沉地向國王請安。國王看見他，說：「你為什麼如此哀傷，穿著這樣的服飾？你的面容變了。」查理修斯向國王說：「我有一件事情告訴你，悉發為印度帶來了災禍，正是一個希伯來人，那巫師，住在他的房子裡，不肯離開，很多人到他那裡，他教導他們新的神及以往從沒聽聞的新律法，說：『你們不能進入我所說的永恆生命，除非你們離棄妻子，或妻子離棄丈夫。』現在我不幸的妻子也到了他那裡，聽從他的說話，相信了他。就在晚上她離開了我，走到那外邦人那裡。現在請國王派軍隊到悉發及那巫師處去看看，免致我們整個國家被毀滅。」

一百零二、墨斯大流士王聽到他的話後，便說：「不要哀傷昏沉，我會派軍隊到那裡，為你報仇。」國王出去坐在審判庭上，傳召長官悉發。他們到悉發的家中，看見他坐在那門徒右邊，麥冬利亞在他的腳下，還有一大群人圍著他。國王的使差對悉發說：「你坐在這裡聽無稽之談，墨斯大流士王正憤怒地想把你毀滅，因為你把那巫師，那騙子帶到你的家裡。」悉發聽到後便跌倒在地，不是因為國王對他的恐嚇，而是因為國王正要對付使徒，他對使徒說：「我為你而哀傷，我一開始已對你說那婦人是查理修斯，那國王的朋友及族人的妻子，他不會容許那婦人承諾所做的事，他無論向國王要求什麼，國王也會給他。」但使徒對悉發

說：「不要害怕，要相信耶穌向我們所承諾的一切，我們現在正一起在他的護蔭之下。」悉發聽到後，把衣服放在他的身邊，到墨斯大流士王那裡去。

一百零三、使徒向麥冬利亞問道：「是什麼原因令妳的丈夫如此恨妳，並要和我們對抗？」她說：「因我沒有給他沾污，昨晚他要我屈服於他的情慾，我便哀求我的靈魂脫離他的手，我赤裸逃離了，和我的侍女同睡，但在他身上發生什麼事情，我不知道，不知他在策劃什麼。」使徒說：「這些事情不會傷害我們，相信耶穌，他會去除查理修斯的憤怒、瘋狂及激動，神以可敬畏的手與妳同在，把妳帶到祂的國度裡，帶給妳永恆的生命，給妳信心，使妳不再動搖及改變。」

一百零四、悉發站在國王面前，國王問他：「那個巫師是誰？他在你家中教導什麼？」悉發回答說：「你不是不知道吧！國王啊！我的朋友們都知道我因為妻子而承受的苦楚，你也知道，眾人也知道，我的女兒比我一切的財產更重要，那時我受盡多大的苦，我成為人家的笑柄，整個國家的不祥人。我聽說有此人，便去哀求他，把他帶來，我回家的途中看見奇異的事情發生，很多人都聽過那野驢，及他驅走邪魔的事情，他醫治好了我的妻子和女兒，他們都安然無恙了，但他沒有要求報酬，只要求仁心及聖潔，人們因他所行的都跟隨了他，他教導人們尊崇及敬畏神，萬事萬物的統治者，還有耶穌基督，神的兒子，這樣他們便會有永恆的生命。他只吃麵包和鹽，在傍晚喝水。他多番禱告，無論他向他的神祈求什麼，神都給他，他說那神是神聖及有大能，基督是活生生的，並賜予生命，他要他們以聖潔、愛及信心來到神的面前。」

一百零五、墨斯大流士王聽到悉發的話，便派大隊官兵去到長官悉發家中，把使徒多馬，及在場的所有人帶回來。他們來到時，看見使徒在教

導眾群,麥冬利亞坐在他的腳下,他們看見一大群人在他的周圍,便害怕起來,於是離開,返回國王那裡說:「我們不敢向他說什麼,因為有一大群人圍著他坐下,麥冬利亞正坐在他的腳下,聽他講話。」墨斯大流士王及查理修斯聽到後,查理修斯到國王面前,帶了一大隊人,說:「國王,我會把他帶來問罪,並且把麥冬利亞被他所奪去的神智也帶回來。」他到了長官悉發的家中,十分迷惑,他看見多馬在講話,卻找不到麥冬利亞,因她聽到丈夫要來找她,她便離開回到家中。

一百零六、查理修斯對使徒說:「起來!你那邪惡、毀滅我家的敵人,你的巫術不能傷害我,我會在你的頭上看看你的巫術。」他這樣說時,使徒望著他,對他說:「你的恐嚇會回到你身上,你不能傷害我什麼,因比你、你的國王,以及你整隊官兵更大的是我信奉的主耶穌基督。」查理修斯從他的僕人那裡拿出一條頭巾,拋在門徒頸上,說:「把他帶走,看他的神如何救他脫離我的權柄。」他們把使徒押送到墨斯大流士王那裡。使徒站在國王面前,國王向他說:「告訴我,你是誰,你以什麼力量做出這些事情。」使徒沉默不語,國王命令侍從鞭打他一百二十八下,然後鎖進監牢裡。他們打過他以後,把他帶去。國王及查理修斯正想如何處死他,因為眾人都把他當作神一樣地崇拜,他們想:「那外邦人褻瀆國王,是個騙子。」

一百零七、使徒到了監牢,卻開心地唱頌,說:「耶穌基督啊!我讚美祢,祢使我對祢有信心,亦令我因祢的緣故承受這一切;我感謝祢,主啊,祢帶走我的思慮,給我耐性;我感謝祢,主啊,因祢的緣故,我被稱為巫師、術士。讓我接受貧苦的人的祝福,疲累的人的祝福,那些被人憎恨、受逼迫、受侮辱、受咒詛的人的祝福。因祢的緣故,我被人憎恨,因祢的緣故,我在眾人當中被分別開來,因祢的緣故,他們以不屬於我的來稱呼我。」

《多馬福音》與《多馬行傳》

一百零八、他禱告的時候，獄中的監犯都望著他，哀求他為他們祈禱。祈禱之後，他坐下來，開始唱頌智慧的詩篇：

註：以下心靈的歌唱是最有名的部份，原文用敘列亞文寫成，比《新約聖經》的《使徒行傳》更早寫成，現只存希臘文的手稿。內容揭示了人本屬神高貴的兒女，但卻忘記了自己的真正身份，當再次發現真我，認識真正的自己，那人便可脫離世俗的網羅，重新得回神賜給人的力量，這與《多馬福音》耶穌的教導是一致的。

（一）當我還是嬰孩時，我在父親的皇宮裡，
（二）躺在財富與舒適中成長，
（三）在我的本國中，我的父母供給我，並帶我從東方來。
（四）他們把財富放在一起成一大堆，
（五）有輕有重，使我能獨自背負，
（六）有黃金，還有大批銀子，
（七）從印度來的寶石和從富山來的真珠。
（八）他們都穩妥地裝備我，
（九）他們拿起我的衣服，嵌上寶石和閃光的金子，因他們愛我，為我而做。
（十）還有黃澄澄的外袍，按我的身裁而做。
（十一）他們為我立約，寫在我的心中，好讓我不會忘記，說：
（十二）「你去到埃及，帶回來一顆真珠，
（十三）那真珠在貪婪的毒蛇身邊。
（十四）你要穿上用寶石做的衣服，之上再蓋上外袍，
（十五）與我們旁邊的兄弟一起成為我們國度的繼承人。

《多馬福音》與《多馬行傳》

一百零九、
（十六）我走上崎嶇可怕的路途，和兩個嚮導一起，從東方到來，
（十七）我從來未經歷過這樣的旅途，
（十八）我經過邁山的邊境，是東方商人的棲息之所，
（十九）然後到達巴比倫人的地方，
（二十）當我進入埃及地，那兩個嚮導便離開了我。
（二十一）我立刻用最快速的方法到了那毒蛇處，住在她的洞穴裡。
（二十二）看守著牠在沉睡，好使我能從她身邊取去那顆真珠。
（二十三）我獨自一人，成了陌路人，在我的子民眼中是異鄉人，
（二十四）在那裡我看到我的族人從東方來到，他生下來是自由的人，
（二十五）是恩典及美麗的男孩，是受膏者的兒子，
（二十六）他來到我這裡，並與我同住，
（二十七）他成了我的同伴，我的朋友，在路途中一起上路，
（二十八）我告訴他要小心埃及人和那些沾染污穢的人。
（二十九）我穿上他們的衣服，免致我看來陌生，像從外邦來的人，
（三十）我把那顆真珠包裹好，以免埃及人看見了，便喚醒那毒蛇來攻擊我，
（三十一）但我不知因何他們知道了我不是他們國家的人，
（三十二）他們以狡猾的手段欺騙我，我嚐過他們的食物，
（三十三）我不再知道我是國王的兒子，我已成為他們國王的僕人，
（三十四）我也忘記了我先父們送我來為得到的那顆真珠，
（三十五）他們的食物使我變得昏沉，昏昏欲睡。

一百一十、
（三十六）當此事發生在我身上，我的眾父知道了，為我難過，
（三十七）在我的國度頒下命令，所有人都在我的門檻聚集，

（三十八）故鄉的眾王，他們稟公辦事，還有東方諸聖，
（三十九）為我立下決議，我不能被掉棄在埃及，
（四十）王子們寫信給我，每個貴族都寫下名字，
（四十一）來自眾王之王，你的父親，與統治東方的你的母親，
（四十二）並和在我們旁邊你的兄弟，召喚在埃及我們的兒子，給他平安，
（四十三）起來，不要昏睡，聽信中的說話：
（四十四）「要記起你是眾王的兒子。看，你現在卻被人奴役。
（四十五）要記起你被差派到埃及為的是那顆真珠，
（四十六）要記起你那金光閃閃的衣服，
（四十七）你的名字已寫在生命冊上，
（四十八）還有在我們的國度裡你所得到的兄弟。」

一百一十一、
（四十九）那國王作為大使把信件封好，
（五十）因為那邪惡的人，那巴比倫人的孩子，還有那迷惑者的殘暴妖魔，
（五十一）（缺）
（五十二）這信飛來輕落在我這裡，成了語言，
（五十三）我聽到這聲音，有了知覺，醒了起來，
（五十四）我拿起它，吻它，看它，
（五十五）上面寫的是寫在我心裡已記下的事情，
（五十六）我從此記起我是眾王的兒子，我因此應得回自由，
（五十七）我記起我被派到埃及為的是那顆真珠，
（五十八）我於是帶著光彩攻擊那可怕的毒蛇，
（五十九）我以我父親的名把牠制伏，
（六十）（缺）

《多馬福音》與《多馬行傳》

（六十一）我拿走了那顆真珠，把它帶回到父親那裡，
（六十二）我脫去污穢的衣服，離開他們的土地，
（六十三）然後按指示走到在東方我父親土地的光明中，
（六十四）在途中我找到把我喚醒的信，
（六十五）正如它以聲音把我從昏睡中喚醒，現在同樣以光明來指引我的道路，
（六十六）那時王族絲綢的衣服在我眼前，
（六十七）（缺）
（六十八）以愛引領我向前，
（六十九）我經過迷城，離開我在左邊的巴比倫，
（七十）來到邁山，
（七十一）躺在海岸邊，
（七十二）（缺）
（七十三）從窩汗的高山來了我父母的人，
（七十四）他們手裡的財富，是因他們的忠誠而得來，

一百一十二、
（七十五）但我記不起那財富的光芒，因我離開我父親的皇宮時還是一個小孩，十分年幼。
（七十六）突然如在鏡子中我看見那做給我的衣服，
（七十七）我看見自己了，我知道並看見了，
（七十八）我以前被分割出來，現在變成一體了，
（七十九）是，那財富也帶給我衣服，
（八十）看，他們一分為二，但同有一個外形，在他們之上同有一個皇族的標誌。
（八十一）他們手裡的金錢財富，以合理的價還我。
（八十二）那可愛的衣服，閃著不同的光彩，

《多馬福音》與《多馬行傳》

（八十三）有金子、寶石、真珠的光彩，
（八十四）都緊緊繫住，
（八十五）（缺）
（八十六）眾王之王的形貌如所有人中之所有，
（八十七）藍寶石的光芒四射。

一百一十三、
（八十八）我再一次看見，知識的力量傳送過來，
（八十九）開始準備說話。
（九十）我聽到它說話：
（九十一）「我來自於他，比眾人還要英勇，因他的緣故，我被養育成人，
（九十二）我想像我長成的身段如他所做的工作，
（九十三）所有這皇族的動力安放在我之內，並按其跳動成長。」
（九十四）它急忙送到他那裡，給他接受，
（九十五）我也渴望起來把它接受，
（九十六）我伸出手接受它，以這燦爛的色彩尊崇它。
（九十七）我穿上那最美麗的皇族外袍，
（九十八）我穿上以後，我被提升到滿是平安及德行之地，
（九十九）我叩頭跪拜父親的光明，把光明送給我，
（一百）因我已遵守他的誡命，他也行出他所承諾的。
（一百零一）在他皇宮的門檻，我一開始到過的，
（一百零二）他向我歡呼，親自把我接到他的皇宮裡，
（一百零三）他所有的僕人都以甜美的聲音讚美他，
（一百零四）他承諾我可和他一起去到國王的大門，
（一百零五）我們在國王的面前帶上我的禮物及我的真珠。

《多馬福音》與《多馬行傳》

一百一十四、查理修斯愉快地回到家裡，想他的妻子會回到他身邊，像過往一樣，像她未聽到神聖的話語及相信耶穌之前。他回去看到她頭髮蓬鬆，衣服破裂，他便對她說：「我的女士麥冬利亞，為何那殘酷的疾病纏住妳不走？妳為何這樣做？從妳是童貞女之時，我做了妳的丈夫，眾神和律法授權我掌管妳，妳這是什麼的瘋癲行為？妳已成為我們全國的笑柄，把那巫師給妳的一切丟棄吧！我會把他剷除，妳不會再看見他了。」

一百一十五、麥冬利亞聽到後，異常難過，哀傷欲絕，查理修斯再說：「我侵犯了眾神什麼？他們要我遭受如此頑疾？我侵犯了什麼？他們要我如此受辱？我哀求妳，麥冬利亞，不要以這可憐相及如此糟蹋的外表騷擾我的靈魂，傷害我的心。我是查理修斯，妳的丈夫，整個國家都尊敬我，懼怕我。我要做什麼呢？我真不知如何是好。我要想什麼？我應沉默忍耐嗎？誰人能容忍有人把他的財富奪去？誰人能容忍失去甜蜜的東西？這一切對我算是什麼？妳的美麗在我面前依舊，妳的香氣仍在我的鼻孔裡。妳美麗的身體我樂於看見，他們卻要摧毀。他們蒙蔽了那眼睛的銳光，砍下我的右手，把我的喜樂變為哀傷，我的生命變成死亡，那裡的光被黑暗掩沒，我的親屬都不再看我，妳也不會幫助我。我再不會崇拜東方眾神，他們使我遭受如此災禍，我也不再向他們祈求，不再向他們獻祭，因我失去我的伴侶，我還向他們祈求什麼？因我一切光榮已被奪去，雖然我是個王子，權力僅次國王，然而麥冬利亞沒有給我什麼，還帶走了這一切。願有人把我一隻眼蒙蔽，好讓妳雙眼能依舊看著我。」

一百一十六、查理修斯說時流下淚來，麥冬利亞沉默坐著，只是望向地面，他再次走向她，說：「我的女士麥冬利亞，我最想望的，要記起在

《多馬福音》與《多馬行傳》

印度眾多女子中,我選中妳為最漂亮的,雖然我可以選擇其他比妳更漂亮的女子成婚,但我沒有,麥冬利亞,因為在眾神面前沒有可能在印度之地找到和妳一樣的女子,但災禍常在我身邊,因妳甚至不回答我一句話,若妳肯開口,大罵我吧!好等我能知道妳要說的話,妳是我的財富與榮耀,所有人知道沒有一個人像妳一樣,妳是我的族類及親屬。看,他把妳帶走離開我。」

一百一十七、查理修斯這樣說,麥冬利亞便對他說:「我所愛的祂比你及你的物質更好,你的物質來自地上,也要回歸地上,但我所愛的祂來自天國,祂會帶我回到天國。你的財富會過去,你的美麗會消逝,甚至你的衣服,你的工作也是這樣,你將會孤獨,赤身露體,在你的墮落之中。不要把你的作為加進我的記憶中,我向主祈求把你忘掉,不再記起以往的享樂及肉體的習慣,它們都如影消逝,只有耶穌及對他有盼望的靈魂永遠長存。耶穌會把我帶離以往跟你所做的醜事。」查理修斯聽到後,裝著去睡,卻怒不可遏,跟著對她說:「妳今晚自己好好想想吧!若妳如以往那樣和我在一起,不再見那巫師,我便依妳意思去做。若妳肯不再親近他,我會放他出監獄,讓他離開到另一個國家去,我也不再向妳發怒,因我知道妳是因這外邦人而變成這樣,他同樣欺騙了很多像妳一樣的婦人,但她們已清醒過來,如往常一樣。別把我的話不放在心上,使我受到印度人責難。」

一百一十八、查理修斯說完便去睡覺,麥冬利亞帶了十個銀幣,秘密地把錢交給獄卒,好讓她能見使徒。在途中,猶大多馬來到,遇到她。她看到他便害怕起來,她以為他是其中一個掌權人,因有大光在他面前,她便逃跑,並對自己說:「悲哀的靈魂,我失去妳了,因妳再不能見到活生生的使徒猶大,妳也未曾接受神聖的印記。」她不斷逃跑,走到狹小的地方躲藏著,說:「我寧願被貧窮的人發現,也許還可以收買他,

總好過落在當權者手中，他不會稀罕我的饋贈。」

第十章：麥冬利亞接受洗禮

一百一十九、麥冬利亞正沉思時，猶大站在她面前，她看見他便害怕，跌倒在地，怕得要死，但他走近來，將她扶起，對她說：「不要害怕，麥冬利亞，耶穌不會離開妳。妳把靈魂交託給主，祂沒有漠視妳。祂的慈愛常在，不會拋棄妳。祂是仁慈者，不會丟棄妳，這是因祂慈愛的緣故，因祂美善的緣故。站起來吧！妳已變得完全，看那光輝，上主不會離開愛祂的人，讓他在黑暗中行走。看祂如何與祂的僕人同行上路，在危難中如何保護他們。」麥冬利亞站起來，看見他，說：「你到哪裡，我的主？誰人把你從監獄中帶走，讓你重見光明？」猶大多馬對她說：「我主耶穌比世間所有權力、所有國王、所有統治者都更有力量。」

一百二十、麥冬利亞說：「給我耶穌的印記，好讓我在你去世前，從你手中接過禮物。」她便帶他走進大廳，叫醒她的侍女，那侍女對她說：「妳要怎樣？我的女兒麥冬利亞，我要為妳做什麼事情？妳往日曾承諾我得享尊崇，現在那外邦人沒有和妳一起做什麼，妳卻要我受全國的責罵，現在有什麼新的事情，妳要命令我？」麥冬利亞說：「妳與我們一起進入永恆的生命，這樣我便能在妳那裡得到完美的養育，把麵包拿給我，將酒和水混在一起，然後給我自由，可憐我這個生下來就得到自由的婦女。」侍女說：「我會把很多麵包拿給妳，還有很多酒瓶和水，滿足妳的要求。」但她對侍女說：「我不要那些酒瓶，也不要很多麵包，只要這個，把混了水的酒拿來，還有一個麵包和一些油。」

一百二十一、侍女納西亞把那些東西帶來，麥冬利亞光著頭站在使徒面前，他把油倒在她頭上，說：「主啊！這神聖的油給我們作潔淨之用，

《多馬福音》與《多馬行傳》

那十字架給我們顯示隱秘的知識。祢使瘸子的腿變直，祢使堅硬的事物軟化。祢顯示那隱藏的寶藏，祢是一切美善的胚芽。願祢的力量降臨，願祢的力量降臨在祢的僕人麥冬利亞之上，用這個自由去醫治她。」使徒把水倒在她頭上，她吩咐侍女用一塊布把她裹著。那時有一道泉水噴出來，使徒走上前，以聖父、聖子和聖靈之名為她施洗。麥冬利亞受了洗，穿好衣服後，使徒把餅分開，拿來一杯水，讓她領受基督的聖餐，並說：「妳已經得到印記，得到永恆的生命。」即時天上有聲音說：「阿門。」納西亞聽見這聲音，覺得很稀奇。她懇求使徒也讓她獲得印記，使徒便給了她，並說：「願神看顧妳，以及其他人。」

一百二十二、做完了這些事情後，使徒便回到監獄去。他發現獄門還是開著，那些獄卒還在睡覺。多馬說：「神啊！有哪一個像祢？祢從不向那些像祢的人收起慈愛。祢多麼慈悲，祢將牧民帶離邪惡。祢給他們征服死亡的生命，終止勞苦的安息。榮耀歸於神的兒子，榮耀歸於心靈發放的慈悲。」使徒這樣說時，那些獄卒醒了過來，看見門都開了，又看見囚犯仍在。他們彼此說道：「我們不是把門鎖上了嗎？為什麼現在卻打開了？為什麼那些囚犯還在？」

一百二十三、黎明時分，查利修斯去看麥冬利亞，發現她們正在禱告：「由那外邦人帶來的新神啊！住在印度的人所不知道的神啊！祢通過使徒多馬顯示祢的榮耀，他給我們講述祢，叫我們信靠祢。神啊！因祢我們獲救。神啊！因祢對人的愛和憐憫，祢降世成藐小的人。神啊！祢幫助我們找到祢，儘管我們不知道有祢。神啊！祢在高處，但深處亦不能向祢隱藏。請讓我們離開查利修斯的瘋狂行徑……」查利修斯聽見這些話，便向麥冬利亞說：「妳說我是邪惡瘋狂，說得真好啊！若不是我讓妳不服從，給妳自由，妳也不會找那神來反對我，還在神的面前說我的名字。麥冬利亞啊！妳要相信我，那巫師不能給妳什麼利益，他答應的

《多馬福音》與《多馬行傳》

都不能實行，可是我會在妳眼前實現我所答應的一切，好使妳能夠相信我，接受我的話，就像往昔那樣。」

一百二十四、他走上前來，再次懇求她說：「如果妳被我說服了，我便沒有苦惱。還記得我們初次會面的日子嗎？說真的，是那時的我漂亮，還是這個耶穌？」麥冬利亞說：「那時是那時，現在是現在。那時是開始，現在是終結。那時是短暫的生命，現在的卻是永恆。那時是屬於歡愉的，會逝去的，現在的卻是永恆的快樂。那時是有白日和黑夜，現在是只有白日，沒有黑夜。你看見的是會逝去的婚姻，但現在的是永恆的婚姻。那時是可朽壞的兩個人在一起，而現在是永恆的生命。那時的伴娘伴郎是只存在一時的男女，但現在這些卻會直到時間的終結。這世上的婚姻建立在男子朝露般的愛，新娘的臥房或會被拆毀，但現在這個婚姻卻永遠存在。那睡床用可變舊的被鋪覆蓋，而這個則用愛和信心。你是個會逝去的新郎，而耶穌卻是真正的新郎，永遠不會朽壞。那嫁妝不外是錢財，那衣服可以變舊，但這活生生的道卻永不逝去。」

一百二十五、查利修斯聽過這番話後，便到國王那裡，將一切告訴他。於是國王命人將多馬帶到他的跟前，準備審判和殺死他。可是查利修斯說：「陛下啊！要有一點耐性，首先要說服那人，叫他害怕，也許他可用來說服麥冬利亞，對我像從前一樣。」於是墨斯大流士王派人去帶來基督的門徒。所有的囚犯都很苦惱，因為使徒要離開他們。他們在他後面，滿懷思念地說：「他們把我們唯一的安慰都帶走了。」

一百二十六、墨斯大流士王對多馬說：「誰教你這些新的教義？那是諸神和眾人厭惡的，也不會帶來什麼利益。」多馬說：「我教導了什麼邪惡？」墨斯大流士王說：「你說要遵從你所教導的神。」多馬說：「對的，那是我所教導的。但請告訴我，你配得上你的士兵穿上污穢的甲冑，

《多馬福音》與《多馬行傳》

聽你的差喚嗎？如果你不過是地上的帝王，還會回到泥土裡去，尚且要求你的子民尊重他們的行事，這樣你可以說我所教導的是有害的嗎？我不過是說那些侍奉國王的人應該純潔，沒有任何苦惱，不要為子女、世俗的財富和虛榮而苦惱。你當然也要求你的子民服從你的說話和行為，如果他們藐視你的命令，便要懲罰他們。試想那些相信神的人要服侍祂多少倍，要有多少尊敬，還要離棄身體的歡愉、姦淫、揮霍、偷盜、飲酒、口腹之欲和污穢的事情。」

一百二十七、墨斯大流士王聽了這番話之後說：「好吧！我讓你離去，但你要勸服查利修斯的妻子麥冬利亞，不要離開她的丈夫。」多馬對他說：「如果你做一樣事情，會延緩嗎？對她來說，她已得到她所學的，刀劍、大火，甚至比這些更厲害的，也不能傷害她，或拔除在她靈魂裡的主。」墨斯大流士王對多馬說：「某些毒藥可用來消解另一些毒藥，讓毒蛇咬一口也可以是種治療。你也可以消除這些災禍，讓這對夫婦和好如初，這樣你便可倖免一死，因你還沒有活夠。你知道嗎？如果你不能說服她，我會叫你失去所有人都珍惜的生命。」多馬說：「生命是借來的，這一次的生命是可變的，但我所教導的生命卻永不朽壞。年輕、美麗，不過是過眼雲煙的事。」國王對他說：「我已經給了你最好的忠告，你自己的事情，你自己最清楚。」

一百二十八、使徒在國王面前的時候，查利修斯到來，懇求他說：「我懇求你，我從來沒有開罪你或其他人，也沒有冒犯神靈，為什麼你要把我的平安搞亂？為什麼你要為這家庭帶來這麼大的困擾？你得到什麼好處？如果你有什麼獲益的話，請告訴我，我願意無條件讓你得到。你這樣瘋狂有什麼目的，並且讓你自己走向毀滅？因為如果你不能說服她，我會將你處死，而我也活不了。但如果好像你所說，在我們離開這世界後還生存，有指控，有勝訴，和有一個審判的地方，這樣我便會跟著你

《多馬福音》與《多馬行傳》

去控訴。如果你所教導的神是公義、公正地賞善罰惡的話，我知道我一定會贏你，因你曾傷害我，而我卻沒有讓你無辜受罪，甚至現在，我也可以報復，讓發生在我身上的，都發生在你身上，因此還是答應吧！和我一同回去說服麥冬利亞，讓她變回沒有看見你以前的樣子。」多馬向他說：「相信我，如果人們像他們愛其他人那樣去愛神，他們所求的一切也會得到，也沒有人會以武力對待他們。」

一百二十九、多馬這樣說後，他們來到查利修斯家中，看見麥冬利亞坐在那裡，而納西亞則站在她的旁邊。她把手指著面頰，說：「母親啊！讓我與我餘下的日子一刀兩斷，讓我儘快離開這個生命，去禮拜美麗的主。我曾經聽說過，那活生生的神將生命給予信祂的人，在那裡沒有日與夜、沒有男性與女性、沒有自由人和奴隸、沒有傲慢和謙卑。」當她這樣說時，使徒站在她的旁邊，她連忙站起來向他致敬。查利修斯向他說：「你看她多麼害怕你，尊敬你，你叫她做什麼，她一定願意。」

一百三十、查利修斯這樣說後，多馬向麥冬利亞說：「麥冬利亞啊！遵從你的兄弟查利修斯的話。」麥冬利亞說：「如果你也不能做出你所說的，可以強迫我去做嗎？因我從你那裡聽見，這一生的生命是無益的，這解脫是一時的，那些財物不過是過眼雲煙。你還說過，誰若離棄此生的生命，便會得到永恆的生命，誰若厭惡這日與夜的光，便能得到永不能被奪去的光，誰若藐視此世界的財富，便能找到永恆的財富，但現在你卻害怕了。有誰會做了某事，馬上又歌頌要去改變它，讓它從根基處反過來？有誰會在旱地掘了泉水，馬上把它填上？有誰會發現了寶藏，卻苦惱而不去使用？」查利修斯聽了這番話，便說：「我不會威逼妳，也不會趕快殺掉妳，儘管我可以這樣做，但我要縛住妳。我不會因妳跟這個巫師說話而使妳受苦，可是妳要服從我，否則，妳知道我會怎樣做。」

《多馬福音》與《多馬行傳》

一百三十一、跟著多馬離開查利修斯的房子，到悉發的家去住。悉發說：「我要為多馬找一處講堂，讓他能夠傳道。」他真的找到了。他對多馬說：「我妻子、女兒和我將住在神聖、貞潔和慈愛之中。我懇求你，讓我們得到印記，成為真神的崇拜者，在祂的羊群當中。」多馬回答說：「我害怕說出我所想的，但我真的知道，我所知道的，不可能從口中說出來。」

一百三十二、跟著他談到洗禮，他說：「洗禮是對罪的寬恕，為我們帶來照亮我們的光，為一個人帶來新生。這使我們的靈和身體合一，讓一個新人從身、心、靈三方面升起來，領受對罪惡的寬恕。在洗禮之中隱秘的交通者啊！榮耀歸於祢。在洗禮之中那看不見的力量啊！榮耀歸於祢。更生的力量啊！榮耀歸於祢。祢更生那些受洗的人，用慈愛將他們圍繞。」

一百三十三、說完以後，他把油倒在他們的頭上，並說：「榮耀歸於上天的慈愛，榮耀歸於基督的名，榮耀歸於基督的力量。」使徒命人拿一盆水來，以天父、聖子和聖靈之名為他們洗禮。當他們受了洗禮，並穿好長袍後，使徒便在桌上放麵包，祝福說：「生命的食糧啊！吃過祢的人都不會朽壞，這麵包讓飢餓的靈得到祝福。祢賜給我們一份禮物，祢寬恕了我們的罪，讓人吃了這麵包便不再死亡。我們以母親（指聖靈）之名，那不可言的隱秘力量和權柄，向祢祈求，我們以耶穌之名向祢祈求。」使徒跟著說：「願祝福的力量降臨在麵包之中，讓所有領受的靈都洗清他們的罪。」使徒將麵包分了，交給悉發、他的妻子和女兒。

第十一章：墨斯大流士王的妻子

一百三十四、墨斯大流士王讓多馬離去後，便回家吃晚飯，並告訴妻子他們的族人查利修斯發生了什麼事。他說：「看，有什麼發生在這不幸的人身上。多提亞，妳也知道，一個男人沒有什麼比能讓他安息的妻子更好的了，可是他的妻子卻到那個巫師那裡去，那巫師到印度來，而她卻受他所惑，要離開她丈夫，查利修斯不知道要怎樣做。我本來可以殺死那巫師，但他卻說不可。妳可以去幫助她，叫她不要聽那巫師的胡言亂語，回到她丈夫身邊嗎？」

一百三十五、第二天，多提亞一早起來，往查利修斯的家裡去，她看見麥冬利亞謙卑地躺在地上，滿身都是灰泥。她正在禱告，要求主赦免她過去的罪，讓她早一點離開這一生的生命。多提亞對她說：「我親愛的姐妹麥冬利亞，妳染了什麼病？為什麼妳做出像瘋子般的事？妳認識妳自己，回到正常的生活，回到妳的族人那裡，不要再折磨妳的丈夫查利修斯了，妳現在做的事對一個自由的女子來說，沒有好處。」麥冬利亞對她說：「多提亞啊！妳還沒有聽過那生命導師的話語，他的話沒有接觸妳的耳朵，妳沒有嚐過生命的靈藥，也沒有從可朽壞的悲哀中解放出來。妳站在有限的生命，不知道那永恆的生命和救恩，不知道有不朽壞的信靠。妳穿的是可變舊的衣服，不知欲求那永恆的衣服。妳以這可逝去的美貌為榮，不知道妳靈魂的神聖。妳有大群僕從，自己的靈魂卻成為奴僕。妳享有眾多的榮耀，卻不能免除死亡的詛咒。」

一百三十六、多提亞聽了麥冬利亞這番話後，便說：「好姐妹啊！我求妳帶我到說出這些偉大的教導，那外邦人那裡，好讓我也能聽他，崇拜他所教導的神，分享他的禱告，分享他告訴我的一切事情。」麥冬利亞對她說：「他在悉發長官的家裡，他成為在印度得救的人的生命。」多

提亞聽了之後，連忙到悉發家裡去見使徒。當她進屋時，多馬對她說：「妳來看誰？我是個外邦人，貧窮，被人藐視，沒有什麼財物，但我有一樣東西連國王也拿不走，也不會消逝，那就是人類的救主耶穌，祂是活生生的神的兒子，祂將生命給予所有信祂的人，要求祂庇護的人。」多提亞說：「我可以分享這生命嗎？你說過，所有來到神面前的人都可以接受這生命。」使徒說：「上天的寶藏開放給每一個人，那些配得上分享這些財富的人，都可以得到安息。但首先，沒有人能走近神，若他是不潔和可厭惡的，因祂知道我們內心深處，我們思想的深處，沒有人可以逃避。如果妳真的相信祂，便要使自己配得上祂的奇異，這樣祂會使妳變得更大更多，使妳能承繼祂的王國。」

一百三十七、多提亞聽了以後，便開開心心地回家，發現丈夫正等待她回來，還沒有吃飯。墨斯大流士王看見她便問：「妳今天進來時為什麼特別美麗？妳到過那裡去，沒有任何一個自由人的女子會像妳這樣。」多提亞對他說：「我要大大感謝你，因你叫我到麥冬利亞的家中。我去了，而且聽到有關新生命的事，我看見神的使徒，他將生命給予那些相信祂，並奉行祂誡命的人。因此我要報答你，並向你提出忠告，如果你相信我，敬畏那外邦人所教導的神，使自己變得神聖，那麼你將在天國成為偉大的王。因你的王國會逝去，你的舒適會變成愁苦。但如果你到那人那裡去，信靠他，這樣你便可以活到終結的時候。」墨斯大流士王聽見妻子這樣說，他掌摑自己的臉，撕破自己的衣服，說：「願查利修斯的靈得不到安息，因他傷害了我的靈。願他沒有希望，因他取去了我的希望。」跟著他帶著憂傷走了出去。

一百三十八、他在市集找到查利修斯，便對他說：「為什麼你要將我推向地獄，使我成為你的伴侶？為什麼你要欺騙我，使我一無所有？為什麼你要開罪我，使自己失去公義？為什麼你不讓我殺死那巫師，而讓他

的邪惡敗壞我的家庭?」他緊緊地捉著查利修斯,查利修斯說:「發生了什麼事?」墨斯大流士王說:「那巫師蠱惑了多提亞。」於是他們一同到悉發長官的家,看見多馬正坐在那裡講道。在場的人都因為國王來了而起立,可是多馬沒有站起來。墨斯大流士王知道那人一定是多馬,他用雙手抓起坐椅,用力打他的頭,使他受傷,然後將他交給士兵,並說:「將他帶走,對他不要客氣,好讓眾人都看見他的恥辱。」那些士兵將多馬帶到墨斯大流士王審判的地方,多馬站在那裡,旁邊都是墨斯大流士王的士兵。

第十二章:墨斯大流士王的兒子歐贊尼斯

一百三十九、墨斯大流士王的兒子歐贊尼斯來到士兵那裡,並說:「將多馬交給我,好讓父王到來以前,我能和他談談。」於是士兵將多馬交給了他。歐贊尼斯說:「你知道我是墨斯大流士王的兒子嗎?我可以向國王說我所意願的,叫他讓你存活,因此請告訴我,誰是你的神?這神有什麼權柄和榮耀?如果你有什麼力量或魔法,最好教我,我會讓你離去。」多馬向他說:「你是墨斯大流士王的兒子,但他只是一時一地的君王,而我是永恆的王耶穌基督的僕人。你有權力去說服你父親,救回一時的生命,但那生命其實不能永遠繼續。若我懇求我的主,為人們說情,祂會給他們永恆的新生命。你吹噓你的財物、奴僕、衣服、奢華和不潔的居室,但我卻以我的貧困、謙卑、禱告、對聖靈的信靠,和那些配得上神的弟兄為榮。我以我永恆的生命為榮,你所依靠的卻是一個像你的人,他甚至不能挽救自己的靈魂,免除死亡的審判,但我依賴的是活生生的神,祂是世上諸國王和王子的救主,祂是所有人的長官。今天你可能還在,但明天便不在了,但我信靠的是永恆的神,祂知道我們所有的季節和時間。如果你願意成為神的僕人,你馬上可做到,但首先你要顯示你配得上成為祂的僕人。首要的是純潔,那是一切美善的開端,

然後是信靠我所教導的神，在祂裡面找到愛和信心，與那純真聯合起來。」

一百四十、那年輕人被多馬說服了，正想辦法幫助他脫險，那時國王來了，於是士兵將多馬帶到國王的跟前，歐贊尼斯也來到國王那裡，站在他的身旁。國王坐下以後，命人將多馬帶來，並吩咐把他的雙手從後面縛上。多馬被帶到他們面前，站在那裡。國王說：「告訴我，你是誰，你憑什麼權柄做出這一切的事情。」多馬回答說：「我是個像你一樣的人，憑著耶穌基督的力量，我做出所有這些事情。」墨斯大流士王說：「在我殺你以前，向我講出真相。」多馬說：「你對我沒有權柄，不如你想像中的那樣，你根本不能傷害我。」國王因他的話而憤怒起來，命人燒紅鐵板，讓他雙腳站在上面。當士兵脫去他的鞋子時，他說：「神的智能大於人的智能。主啊！讓祢的美善抵抗他的怒氣。」士兵把鐵板燒得像火一樣紅，把使徒放在上面，那時地上立時溢出水來，把鐵板淹蓋，那些捉住使徒的人馬上退了下來，讓使徒離去。

一百四十一、國王看見水從地下出來，便向多馬說：「請你向你的神請求，讓我遠離死亡，不會在水災之中受害。」使徒禱告說：「主啊！祢叫這水元素聚集在一處，讓它淹沒地上，那是為了祢的僕人多馬而做的奇異工作。祢憐憫我的靈魂，讓我接受祢的光亮，也給予那些勞苦的人報酬。我靈魂的救主啊！請讓這水回復它的本性，讓它不要作出有害的事情，讓它變得像往常那樣。請祢限制這水元素，不要讓它上漲，以致造成毀滅，因這裡有一些人會信靠祢。」使徒這樣禱告，那水便漸漸退去，那地方也變得乾透。墨斯大流士王看見這一切，便命人把多馬帶入監牢，直至他決定要怎樣做。

一百四十二、多馬被押回牢房，所有人都跟著他，國王的兒子歐贊尼斯

走在他的右邊，悉發則走在他的左邊。使徒進入牢房後，坐了下來，歐贊尼斯和悉發也坐下了，悉發叫她的妻子和女兒也坐下。他們是來聽生命的話語，他們知道墨斯大流士王一定會殺死多馬，因為他太惱怒了。多馬說：「我靈魂的解放者啊！祢將從眾人之中解放出來，因我自願將自己賣出。我是多麼歡欣啊！因我知道我進入天國和得到賞賜的時間到了。我快要解除這世上的顧慮，我完成我的渴望去獲得真理。我快要離開苦惱，只享受喜樂。我快要無牽無掛，躺在安息之中。我快要離開束縛，得到自由。我度過了這些歲月，我快要超越這些歲月，我快要獲得我的回報，那賞賜者不會慳吝，祂太豐裕了。我快要脫下我的衣服，我再也不用穿上。我過去醒了又睡，但快要不用再睡。過去我死了又生，但我快要嚐不到死亡。啊！眾天使都歡欣地期待我，讓我來成為祂們的一族，就好像是祂們桂冠上的花朵。我頌讚我寄以希望的天國，即使我現在還在這裡。那些悖逆者都在我面前倒下，因我已逃離他們。平安已經降臨，在所有聚集的人身上。」

一百四十三、多馬這樣說，所有人都聽見了，他們知道多馬很快會離開這生命。多馬繼續說：「要相信所有人的醫師，不論是看見的還是看不見的。要相信靈魂的救主，從祂那裡得到幫助。祂是生而自由的王，祂是萬物的醫師，是祂責備祂的奴僕。祂是在高處的天父，是大自然之主和裁判。祂來自偉大的神，是祂的首生子，祂是童貞女瑪利亞的兒子，也叫作木匠約瑟的兒子。我們用肉眼只看見祂的微小，用信心卻能知道祂的偉大，亦可在行事中看見祂的偉大，儘管我們的手可觸摸祂人類的身體（參看《約翰福音》20:27）。祂的特徵隨著我們的眼睛而改變，但我們卻不能看見祂在山上的天國形相（參看《馬太福音》17:2）。祂讓那些統治者倒下，讓死亡受制。祂是真理，從不說謊，不為自己和祂的門徒向虛假付出貢品。祂令王子覺得害怕，使他的力量受到打擾，那王子可作證，祂是誰和曾在那裡，可是他不知道真理，因為他與真理隔絕。

誰若對整個世界有權柄，擁有財富和舒適的生活，但背離了他的子民，便不應享有這一切。」

一百四十四、說完這番話，使徒站起來，禱告說：「我們在天上的父，願人都尊祢的名為聖，願祢的國降臨，願祢的旨意行在地上，如同行在天上，求祢赦免我們的債，如同我們赦免別人的債。不要讓我們遇見試探，救我們脫離兇惡。我的主，我的神，祢是我的希望，我的信心，我的導師，祢曾教我這樣禱告，我現在就這樣禱告，來完成祢的誡命。願祢與我同在，直至終結。祢從我在孩提時開始，就將生命種在我之內，讓我不致腐敗。是祢將我帶到這貧乏的世界，勸我獲取真正的財富；是祢使我知道我是誰，給我顯示我就是祢的肖像。為此我遠離女子，沒有娶妻，不致變得不潔。」

一百四十五、「我的口不足以頌讚祢，我也不能夠知曉祢對我的所有關心。我曾希望得到財富，但祢在啟示中告訴我，那是充滿失落的，得到的人會受傷，於是我便相信祢，繼續在貧窮的世界之中，直至祢向我顯示真正的財富。祢充滿了我和那些配得上祢的財富的人，祢讓他們脫離憂慮。主啊！我因此而遵行祢的誡命，執行祢的旨意，為窮苦有需要的人，成為外邦人，成為奴隸，一無所有地踏上行程，挨飢受渴，沒有衣服，沒有鞋子。我因祢而飽受勞苦，祢使我不致喪失信心，不致喪失對祢的希望，好使我的勞苦不致一無所得，好使我的辛勞不致毫無價值。請不要讓我的禱告和禁食終止，請不要讓我對祢的熱誠終止。請不要讓我的小麥種子在祢的地上變成莠草，不要讓敵人把它帶走，混入他的莠草，因祢的地不會接受他們的莠草，他們也不能將莠草堆在家裡。」

一百四十六、「我曾將祢的葡萄藤種在地上，它的根深入泥土深處，也生長至高處，它的果子遍佈地上，那些配得上祢的人因此而高興，祢也

《多馬福音》與《多馬行傳》

因此而得到他們。祢收取了我放入錢庫裡的錢,在祢需要時,連本帶利還給我,就好像祢曾答應的那樣。因祢,我一個人的心靈可換來十個,而祢卻使我得到更多,就好像你曾立下的約那樣。我赦免欠我債的人,不去追討。我被邀請赴筵席,而我來了。我拒絕了土地、牛軛和妻子,我不願因他們的緣故而被祢拒絕。我被人邀請參加婚宴,穿上白色的衣服。我要配得上這些,而不是被綁著手腳,被拋到外面的黑暗裡。我的燈的亮光期待從婚禮回來的主人,希望能迎接他。我不會讓它黯淡,因已花了這許多油。基督啊!我的眼睛常看著祢,願我的心充滿喜樂,因我已完成祢的旨意,完滿地奉行了誡命。我會像那個小心的僕人,不會貪睡。整個晚上,我會防止盜賊進屋,也不會讓小偷闖入。」

一百四十七、「我的腰緊纏著真理,腳上束著鞋子,不會讓它們鬆脫。我的手放在鋤頭上,從沒有縮回來,因恐我的鋤頭會捲曲了。那片土地已變白,到了收割的時候,我快要得到我的報酬。我的衣服都破舊了,我亦變老了,而我的勞苦也為我帶來安息。我再三盼望能看見祢的臉,頌讚祢神聖的光明。我拉倒我的穀倉,讓它在地上荒蕪,好讓我能得到祢的寶藏。我內裡的泉水早已乾涸,好讓我能安躺在祢那永不乾涸的泉水裡。我已殺去內心的俘虜,好讓那些因我而得到自由的人不會失去信心。我現在沒有回到過去的事情,只向著前面的事情,以免受到責備。我使死去的人活過來,又征服了在生的人。那些缺乏的我將他們填滿,好讓我能獲得勝利的桂冠,好讓基督的力量在我之中成就。我在地上受責備,但祢卻給我天國的回報。」

一百四十八、「請不要讓那些有權力者,當長官者知道我。不要讓他們想起我;不要讓那些國家公民、討債的人來找我;不要讓那些軟弱的,邪惡的,因我的勇敢和謙卑而大聲反對我。當我向上生的時候,不要讓他們在我的前面。耶穌啊!祢的力量像桂冠一樣圍繞著我,他們便逃跑

躲藏，因他們不能直望祢。但他們會突然降落在那些從屬於他們的人，那邪惡之子大聲地指控他們，並不向他們隱藏，這樣罪惡之子便被分離出來了。主啊！願祢賜我寧靜、喜樂和平安，能度過審判，不要讓邪魔看見我，讓他的雙眼因祢放在我之內的光而變得盲目，請祢封閉他的口，讓他不能反對我。」

一百四十九、使徒跟著向眾人說：「要相信我所宣稱的神，相信我所教導的耶穌基督，相信那生命的賜予者，和祂的僕人，相信祂是拯救為祂服務的人。我的靈已經豐滿，我接受祂的時間已到。祂的美麗使我不斷地講述，雖然我無法完全地講述祂。祢照亮我貧乏的光，祢是照顧我不足的供應者，祢給我所需要的。願祢能與我同在，直至我來永遠地接受祢。」

第十三章：歐贊尼斯和眾人接受洗禮

一百五十、年輕的歐贊尼斯跟著向使徒懇求說：「神的使徒啊！我向你禱告，請與我離去，我會叫獄卒准你與我回家，這樣我便可以從你那裡得到印記，成為我自己的主人，遵守你所教導的真神的誡命。其實，我從前曾奉行你所教導的那些事，直至我父親強迫我與一個叫美沙拉的女子結婚。我現在二十一歲，結婚已七年。在我結婚以前，我不認識其他女子。在我父親眼中，我是個沒用的東西，我和妻子沒有子女，這段日子，我們都保持純潔。如果今天她是健康的，並肯聽我的話，我知道我會得到安息，而她也會接受永恆的生命。可是現在她病得很重，因此我要說服獄卒讓你跟我走，這樣我便可得到生命，而你也可治療我不幸的妻子。」那至高者的使徒多馬聽了後，對歐贊尼斯說：「如果你相信的話，便能看見神的奇異，看見祂如何拯救祂的僕人。」

《多馬福音》與《多馬行傳》

一百五十一、當他們說話時，多提亞、麥冬利亞和納西亞正站在監獄門口，她們給了獄卒363個銀幣，才能進去看多馬。進去後，她們看見歐贊尼斯、悉發和他的妻女，還有所有犯人都坐著聽使徒的話。當她們走近使徒時，使徒向她們說：「誰讓妳們進來？誰打開那封閉了的門，讓妳們進來？」多提亞對他說：「不是你開了門，叫我們進來的嗎？當我們走近獄門，不知怎麼樣，你離開了我們而躲起來，跟著我們聽見關門的聲音，你把我們關在外面。我們於是把錢給獄卒，才能進來。我們現在向你懇求，希望能說服你逃走，直至國王的怒氣過去為止。」多馬向她們說：「首先告訴我們，妳們如何被關在外面。」

一百五十二、多提亞向使徒說：「你一直和我們在一起，沒有一刻離開過我們，竟問為什麼我們被關在外面？但如果你要聽，我就說吧！墨斯大流士王派人來傳召我，他向我說：『妳還沒有被那巫師控制吧！我聽說，他用油，用水和麵包將巫術下在人的身上，他沒有下在妳身上吧！妳要聽我說，否則，我會將妳收監處死，也會殺死他。因我知道，如果他沒有給妳油、水和麵包，他還沒有控制妳。』於是我向他說：『你對我的身體有權要怎樣做，做你想做的事吧！但我的靈不會讓你摧毀。』他聽了這話，便將我監禁在一間斗室裡。查利修斯也將麥冬利亞帶來，和我囚禁在一起，是你將我們帶出來，並且帶我們來這裡，請快些給我們那印記，好斷絕墨斯大流士王的希望。」

一百五十三、使徒聽了這番話，便說：「具有眾多形相的耶穌啊！榮耀歸於祢，祢以一個可憐人的形相出現，祢鼓勵我們，令我們強壯。祢給我們恩典和路向，在一切災難時站在我們身旁，使我們從軟弱變成堅強。」使徒說話時，獄卒來到說：「快把燈滅了，恐防有人告到國王那裡去。」於是他們滅了燈去睡覺。使徒向主說：「耶穌啊！時間到了，趕快些吧！那黑暗之子已坐在他們的黑暗當中，請祢以祢本性的光來照

《多馬福音》與《多馬行傳》

亮我們。」忽然間，整個監獄都光亮得如同白晝。各人在獄中熟睡的時候，只有那些信神的人繼續醒著。

一百五十四、多馬向歐贊尼斯說：「你先去為我們準備所需要的。」歐贊尼斯說：「誰會為我打開監獄之門？因那些獄卒已將門關了，去睡覺了。」多馬說：「要相信主耶穌，這樣門便會打開。」歐贊尼斯起行，所有人都隨後跟著他。歐贊尼斯出到外面，他的妻子正來到監獄，在路上遇到他。她看見他便說：「歐贊尼斯，是你嗎？」他回答說：「是，妳是美沙拉嗎？」她說是。歐贊尼斯對她說：「為什麼妳在這個時候走在路上？是什麼將妳叫醒？」她說：「有個年輕人將手放在我之上，將我喚醒，在夢中，我說我要到那外邦人那裡，使自己變得與神成為一體。」歐贊尼斯對她說：「是哪一個年輕人和妳在一起？」她說：「你看不見嗎？他就在我的右邊，拖著手帶我來。」

一百五十五、歐贊尼斯和妻子說話的時候，多馬、悉發和他的妻女、多提亞、參冬利亞和納西亞都遇上歐贊尼斯。歐贊尼斯的妻子美沙拉看見他們，一邊歡迎，一邊說：「你們來是救我脫離疾病，你便是在夜裡將我交給那年輕人的，叫他帶我到監獄的那位。你的美善使我不致疲乏，現在你自己來了。」她這樣說時，轉過頭去，便再看不見那年輕人，也找不到他。她對使徒說：「我不能獨自行走，因你給我的那個年輕人已不在了。」多馬說：「耶穌會帶領妳。」於是她便靠近他。之後他們到達歐贊尼斯家中，那時天還沒有亮，但有一股強光照在他們身上。

一百五十六、多馬開始禱告，向他們說：「我的同伴，我的保護者啊！祢是軟弱者的希望，貧苦人的信心；祢是勞苦者的護蔭；祢的聲音從高處來；祢是住在我們中間的安慰者；祢是我們的泊岸之處；祢是不用付錢的醫師；祢為了眾人而被釘在十字架，祢帶著大能進入地獄，死亡之

《多馬福音》與《多馬行傳》

子也不能直望祢；祢帶著偉大的榮耀而來，祢收留所有奔向祢的人，為他們預備道路。那些行走在祢步伐之上的人都會得到救贖。祢將他們帶來，放在祢的羊群當中。祢是慈悲之子，祢為了對人類的愛，將我們從完美的國度，從一切的主宰裡派遣到這裡，好讓他們能活著。祢以祢的財富充滿這個創造，祢給予那些貧苦的人，有需要的人。祢在曠野裡餓了四十日，祢以祢的美善滿足那些飢渴的靈，願祢能與墨斯大流士王之子歐贊尼斯，還有多提亞、美沙拉和聚集在這裡的人同在，讓他們在祢揀選的人中間。願祢成為他們在錯誤之地的嚮導，在充滿疾病之地作他們的醫師，讓他們在這勞苦之地找到安息，讓他們在這污染之地得到潔淨。請祢成為他們身體及靈魂的醫師，讓他們成為祢的聖殿，讓祢的聖靈住在他們裡面。」

一百五十七、使徒為他們禱告以後，便向麥冬利亞說：「為妳的姐妹們寬衣吧！」她為她們寬衣，並穿上長袍，然後將她們帶來。但歐贊尼斯已在她們前面，於是她們跟在後面。使徒用銀杯盛了油，然後說：「比其他果實都美麗的果實，沒有什麼可以比得上，充滿慈愛，充滿力量。那生命樹的力量，讓在它上面的人都可以克服一切厄困。祢是所有征服者的王，有病的人的幫助者，祢向人宣佈救恩，在黑暗裡向他們顯示光明。那葉子是苦的，但祢最甜美的果實是美好的。看來很粗糙，嚐起來卻很柔軟。看起來好像很軟弱，但以祢偉大的力量卻可以承受一切。」跟著使徒又說：「耶穌啊！讓祢勝利的力量降臨在這些油上，就好像建立在生命樹上。那些將祢釘在十字架的人不能承受這話語。讓祢的禮物降臨，讓祢的敵人後退，讓上天的大能降臨這油裡，以上奉祢的聖名而行。」說了這話以後，他把油倒在歐贊尼斯頭上，然後倒在其他女子頭上，並說：「耶穌基督啊！奉祢的名，讓這些靈的罪都得到赦免，並克服所有危難，得到他們的救贖。」使徒又命麥冬利亞為眾人膏油，而他自己則為歐贊尼斯膏油。膏完以後，他叫他們都落到水裡，以聖父、聖

子和聖靈的名受洗。

一百五十八、他們從水裡上來，使徒拿出麵包和水，祝福說：「主啊！祢神聖的身體為我們而釘在十字架，然後給我們吃。祢的血為我們的救贖而流，給我們喝。請讓祢的身體成為我們的救恩，請讓祢的血洗淨我們的罪。祢為我們嚐那苦膽，讓我們得免嚐惡魔的苦膽。祢為我們喝了那醋，讓我們從軟弱變成強壯。祢為我們被吐口沫，讓我們得到美善的甘露。祢為我們被樹枝抽打，讓我們接受完美的殿。祢為我們戴上荊棘的冠冕，讓那些愛祢的人戴上永不逝去的冠冕。祢為我們被布包裹，讓我們能被祢永不失去的力量包裹。祢被葬在新挖的墳墓，讓我們的身體和靈魂得以更新。祢死後復活過來，好讓我們也能復活，在祢面前接受正義的審判。」使徒把餅分了，將聖餐分給歐贊尼斯、多提亞、美沙拉和悉發的妻女，並說：「願這聖餐讓你們得到救恩、喜樂和靈魂的健康。」他們齊聲說阿門，這時他們聽見有一聲音說：「阿門，不要怕，只要信。」

第十四章：殉道

一百五十九、這些事情做完了以後，多馬便離開，回到監獄去。而多提亞、麥冬利亞和納西亞也到監獄去。使徒多馬對聚集在一起的信徒說：「相信我的主。我的神，我的主人耶穌的眾位兄弟姐妹，你們今天要聽我說，因我快要到我的主耶穌基督那裡，是祂將我賣來這裡，我的主甚至在我這樣藐小的人面前謙卑下來，將我帶到永恆的偉大，使我成為祂真理和堅信的僕人。我將離開到祂那裡去，因我知道時間已經到了，那指定的日子已經到了，我要接受我的主我的神給我的報酬。我的主是公義的，祂知道我，知道我應該有什麼賞賜。祂不怨恨，也不嫉妒，卻充滿恩賜。祂不吝嗇祂所賜予的，因祂對自己無盡的所有充滿信心。」

《多馬福音》與《多馬行傳》

一百六十、「我不是耶穌，我只是祂的僕人。我不是耶穌，我只是祂的使差。我不是神的兒子，但我禱告自己配得上神。你們要繼續對基督有信心，繼續對神的兒子存有希望。不要因苦惱而暈倒，不要因我受潮弄或被關進監獄而失去信心，因我正要完成祂的旨意。若我不願意死去，我知道基督會讓我這樣做，但這死亡其實不是真的死亡，而是從身體裡面解放出來，因此我樂於接受這從身體的解放，好使我能離開，去見那美麗和慈悲的主，那是我所愛的。我為事奉祂而甘於勞苦，因祂給我的恩賜而作了許多事，那是不會離我而去的。因此，不要讓撒旦進入你們的身體，奪去你們的思想。不要留有地方給撒旦，因你們接受的主有大能。你們要盼望基督的來臨，因祂會來接受你們，你們要準備祂來看你們。」

一百六十一、使徒說完這番話以後，他們便要離開。使徒多馬說：「為我們受了許多苦的救主啊！讓獄門回復從前的樣子，讓它們鎖上。」跟著多馬便離開了他們，回到牢房裡。他們都哭泣起來，心情沉重，因他們知道墨斯大流士王會將使徒殺害。

一百六十二、使徒發現那些守門人互相爭辯說：「我們開罪了那巫師什麼？他用魔法使牢門打開，這樣，所有囚犯都會跑掉。我們快去報告國王，還要告訴國王有關他兒子和媳婦的事。」當獄卒這樣爭論時，多馬保持著他的平靜。那些獄卒很早便起來，到國王那裡向他說：「我的國王啊！你可以帶走那巫師，讓他因禁在另一處嗎？因我們無法留著他。若不是你鴻福齊天，所有囚犯都會跑光了，因為這已經是第二次牢獄的門打開了。國王啊！還有你的妻子，你的兒子和其他人，都不肯離開他。」當國王聽見這些話後，便到監牢那裡，看見門上的鎖還在。他看見這樣，便向守門的人說：「為什麼你們要說謊，那門鎖還是好好的。

《多馬福音》與《多馬行傳》

為什麼你們要說多提亞和麥冬利亞要跟他留在獄中。」那些守門人說：「我們說的都是實話。」

一百六十三、墨斯大流士王進了監獄後，坐在椅子上。他命人將多馬帶來，脫下他的衣服，用樹枝抽他。之後他命人將多馬帶到他的跟前，問他說：「你是個自由人還是奴隸？」多馬說：「我只對一個人來說是個奴僕，但你對祂並沒有權力。」墨斯大流士王對他說：「你怎樣來到這個國家？」多馬說：「是我的主人將我賣出，好使我能拯救眾多的人，我通過祂的手來到這個世界。」墨斯大流士王問：「你的主人是誰？叫什麼名字？來自什麼國家？」多馬說：「我的主是你的主人，祂是天與地之主。」墨斯大流士王說：「他叫什麼名字？」多馬說：「你現在不能聽祂真正的名字，但人們給祂的名字叫耶穌基督。」墨斯大流士王便說：「我沒有急著將你殺死，對你這麼有耐性，可是你卻對我做出邪惡的事情，你的巫術已散播開去，讓全國都聽見了，但我可以叫這些巫術與你一同離去，使我們的土地潔淨。」多馬向他說：「這些魔法不會隨我離去，你知道我也不會離棄在這裡的人。」

一百六十四、使徒這樣說時，墨斯大流士王已在想怎樣將他處死，因為他很害怕，有太多人跟隨了他，有許多貴族已相信了他。國王於是押多馬出城，有許多帶武器的士兵和他走在一起。人群以為國王要向多馬學些什麼，於是都站在那裡留心聽著。走了一里路以後，國王把多馬交給四個士兵和一個長官，命令他們將多馬帶入山中，用矛將他刺死，然後回到城裡來。國王吩咐了以後，便自己回到城裡去。

一百六十五、人群都跟隨著多馬，希望救他脫離死亡。兩個士兵守在多馬的右邊，兩個守在左邊，都拿著長矛，那長官則用手扶著多馬。使徒說：「啊！隱秘的奇異啊！即使在我們離開後也在我們裡面成就。祂的

《多馬福音》與《多馬行傳》

榮耀如何豐富！祂不會讓我們被身體的情緒吞噬！四個士兵將我推倒，因我是從四而來。有一個要救我，因我只是一個，我要到祂那裡去。現在我明白了，我主耶穌基督是一，因此被一個士兵刺，而我是四，因此被四個士兵刺。」

一百六十六、來到要殺他的山上，使徒向那些押他的人和其他眾人說：「兄弟們，請聽我最後的話，我快要離開這個身體了。不要讓你們心靈的眼睛盲目，不要讓你們的耳朵變聾，要相信我所教導的神。不要讓你們的心靈麻木，要行出你們全部的自由，行出對人來說的榮耀，對神來說的生命。」

一百六十七、使徒對歐贊尼斯說：「你是墨斯大流士王的兒子，耶穌基督的使差，你拿些錢交給墨斯大流士王的士兵，叫他們讓我在離開前禱告。」於是歐贊尼斯說服士兵讓多馬禱告，多馬便走到一旁禱告，他跪下來，然後站起，雙手向著天上說：「我的主，我的神，祢是所有國家的希望，是他們的救贖者和帶領者，願祢與所有事奉祢的人同在。請祢在我要來找祢的日子引導我，不要讓別人帶走我交託給祢的靈魂，不要讓那些邪惡者看見我，不要讓那些剝削者無理地指控我，不要讓毒蛇看見我，不要讓毒蛇之子對我發出嘶聲。主啊！我已完成祢的工作，奉行了祢的誡命。我變成了奴隸，因此，我今天可以得到自由。請祢給我自由，讓我變得完美。我說這些，不是因為我疑惑，而是要讓他們聽見，知道要敬畏誰。」

一百六十八、多馬禱告完了以後，便向那些士兵說：「快來執行你們的命令。」那四個士兵便走過來用長矛刺他，多馬於是倒下死了。所有兄弟都哭泣起來，他們帶來華麗的衣服和布匹，將多馬葬在古代王族的一個墓穴。

《多馬福音》與《多馬行傳》

一百六十九、悉發和歐贊尼斯不肯回到城裡去，他們繼續整天坐在墳墓旁邊。使徒多馬向他們顯現說：「為什麼你們要坐在這裡看守？我不在這裡，我已升到天上，獲得那曾答應給我的。現在快起來下山去，因過一段時間之後，你們還要因我而聚集起來。」墨斯大流士王和查利修斯把麥冬利亞和多提亞捉去了，大大地令她們苦惱，可是卻不能改變她們的意志。使徒向她們顯現說：「不要被他們欺騙，那神聖的、活生生的耶穌快要來幫助妳們了。」墨斯大流士王和查利修斯知道麥冬利亞和多提亞不肯就範，也只好讓她們按她們所想的活下去。而那些兄弟聚集在一起，在聖靈的恩賜裡歡欣。使徒多馬離開這世界到山上就義時，他讓悉發成為長老，歐贊尼斯成為教長。主與他們一起工作，有很多人都信了主。

一百七十、過了許久以後，墨斯大流士王的一個兒子被邪靈附了身，沒有人能治好他，因那邪魔十分可怕。墨斯大流士王想起了多馬，他說：「若我打開那墓穴，將多馬的一塊骨頭掛在我兒子身上，這樣他便會好了。」墨斯大流士王這樣想，多馬卻向他顯現說：「你不相信活生生的人，為什麼卻相信那死去的？不要害怕，我的主耶穌基督已對你慈悲，因祂的美善已憐憫你。」

國王將墓穴打開，發現使徒已不在那裡，因有一個兄弟將他帶走，帶到美索匹達米亞。墨斯大流士王只好在放過使徒骸骨的地面拿一點塵土，灑在他兒子的頸項上，並說：「耶穌基督啊！我相信祢。願那些曾被我困擾及反對的，都能看見祢。」國王將塵土灑在他兒子的頸項上，那小孩子便好了。墨斯大流士王於是召集所有兄弟，他在長老悉發的雙手前叩頭。悉發對眾兄弟說：「你們要為墨斯大流士王禱告，好讓他能獲得耶穌基督的慈悲，叫他不再記得反對他的罪惡。」眾人一同歡欣，為他禱告，祈求愛人類的主，王中之王，主中之主，讓墨斯大流士王也

在祂裡面得到盼望。墨斯大流士王和眾兄弟在一起，相信基督，榮耀聖父、聖子和聖靈，因祂是大能和榮耀，直至永遠，直至世界的終結。阿門。

於此，便結束了使徒猶大多馬的行傳。這裡記錄了他在印度所作的一切，完成了派遣他的神的使命，並且榮耀那派遣他的神，直至世界的終結。阿門。

附錄一：人體七個輪穴和三角骨的位置

依次為：(1) 根輪；三角骨；(2) 腹輪；(3) 臍輪；(3a) 幻海；(4) 心輪；(5) 喉輪；(6) 額輪；(7) 頂輪。
(I) 左脈；(II) 中脈；(III) 右脈。

www.ingramcontent.com/pod-product-compliance
Lightning Source LLC
Chambersburg PA
CBHW071736080526
44588CB00013B/2053